朝鮮雑記

日本人が見た1894年の李氏朝鮮

本間九介＝著
クリストファー・W・A・スピルマン＝監修・解説

祥伝社

朝鮮雑記

——日本人が見た1894年の李氏朝鮮

注記

●本書は、東京経済大学図書館に収蔵される桜井義之文庫の原本『朝鮮雑記』（明治27年刊）をもとに、一般読者の理解の便を考え、現代語訳とし、補注と解説をつけたものです。

●明らかな誤記は改めるか、新たに補注で説明しました。

●難読語や、わかりにくい表現のある個所では、字句の変更や意訳、補助的な文章の追加を行なった点を、ご容赦ください。

●人権上、社会通念上、問題のある表現を含んでいますが、戦前の古書の復刊という出版の性質上、あえて削除はしていません。ただし、その表現が内容の理解にとって不可欠と認められない場合は、表現に変更を加えた個所もあります。

※カバーと表紙、本文中に用いた絵は、原本収録のものです。

本書に登場する朝鮮の地名

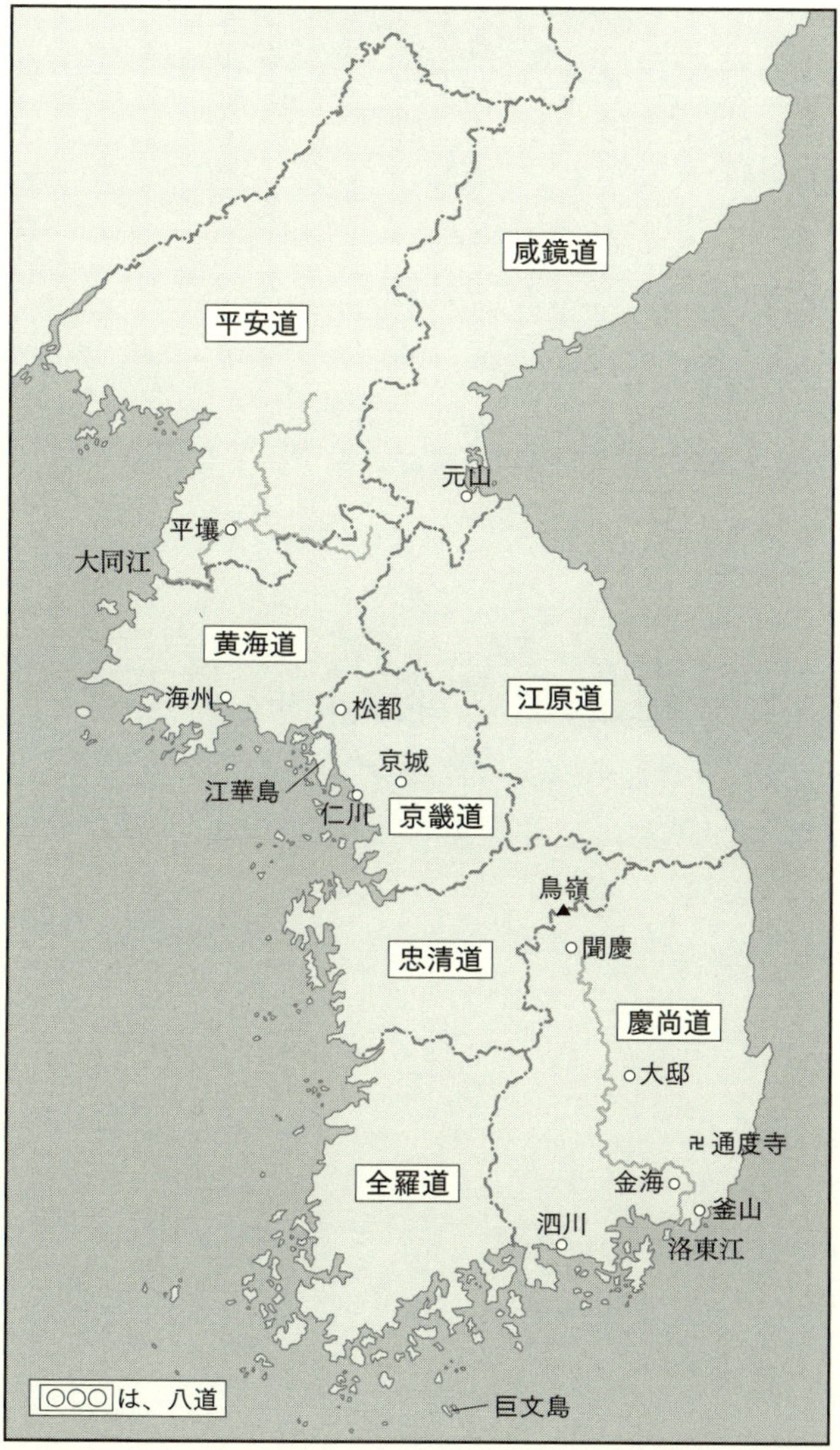

目次——朝鮮雑記

序　10
駕洛《から》という国号《こくごう》　12
駕洛食《からし》　14
大中小華《だいちゅうしょうか》　15
石無情《いしむじょう》　17
残飯《のこりもの》を貪《むさぼ》ろうとする　19
食《くら》うという言葉　21
紙幣《しへい》を評《ひょう》する　23
詩話《しわ》を好む　25
夏の旅行　27
官人《かんじん》は、みな盗賊《とうぞく》　28
混沌未判《こんとんみはん》　30
主人、縛《しば》られる　33
十里標《じゅうりひょう》　34
女医《じょい》　36
海州《かいしゅう》の浴場《ゆあみば》　39
放擲《ほうてき》主義　43
韓人《かんじん》は単純だ　47
兵丁《へいてい》　49
俚謡《りよう》　50
門閭《もんりょ》に旌《せい》する　51
飴売《あめうり》と下駄直《げたなお》し　52
一挙両得《いっきょりょうとく》　54
朝鮮の古器物《こきぶつ》　55

目次

葬礼《そうれい》 56
腹痛《ふくつう》の薬 60
婦人の嗜好《しこう》 61
敗俗《はいぞく》 62
題柱《だいちゅう》 63
字房《じぼう》 63
年長者に対する礼式《れいしき》 64
穢多《えた》 66
疾病者《しっぺいしゃ》 67
狗《いぬ》 69
朝鮮の婦女《ふじょ》 71
娼妓《しょうぎ》 74
娼屋《しょうおく》 76
妻を客人《きゃくじん》に勧《すす》める 78

両班《りょうはん》と常漢《じょうかん》 79
妓《げいしゃ》 82
男色《だんしょく》 85
冠《かんむり》の類《たぐい》 87
通貨 87
諺文《おんもん》 89
吏頭《りとう》 90
作詩 91
鯉幟《こいのぼり》 91
両班《りょうはん》 92
常漢《じょうかん》 93
奴隷制度 94
武芸 96
旱魃《かんばつ》 97

農具　99
ただ一つの利《り》　101
小白紙旗《しょうはくしき》　102
駆鬼符《くきふ》　103
猫と牛　103
洗濯と擣衣《とうい》　104
渡場《わたしば》　107
塞翁《さいおう》の馬　109
地方官　111
日本人と清国人《しんこくじん》の勢力比較　112
豊年踊《ほうねんおどり》　116
疑心暗鬼《ぎしんあんき》を生《しょう》じる　118
薬商《やくしょう》　124
田舎《いなか》の薬局　126
牛痘医《ぎゅうとうい》　126
喧嘩《けんか》　128
子供の玩具《おもちゃ》　129
傘　130
擔軍《たんぐん》　131
安物買い　133
支那人《しなじん》　134
墓地　135
薬用人参《にんじん》　137
松都《しょうと》　140
新聞紙　142
京城《けいじょう》の書肆《しょし》　143
京城《けいじょう》にある、わが国の官吏《かんり》　144
教育の一端　145

目次

慷慨家《こうがいか》 149
日本語学校 153
資本《もとで》を要しない 154
朝鮮の食塩 156
市場 157
独立していた時代は稀《まれ》である 160
旅行者の携帯品 162
国王殿下 163
東学党《とうがくとう》の首魁《しゅかい》と逢《あ》う 166
不正な課税 182
喪人《そうじん》 184
鳥嶺《ちょうれい》 186
天災 187
気楽《きらく》 188

釜山《ぷさん》での、かの国の婦人 190
巾着《きんちゃく》 193
盗賊 195
村落 202
料理店と旅舎《はたごや》 202
市街の不潔 205
輿《こし》 209
漁民保護 211
宗教 219
かの国での、わが国の僧侶 224
寺院 229
通度寺《つどじ》 232
通貨の運搬《うんぱん》 234
仁川《じんせん》 236

書房《しょぼう》と僮《どう》 237
常服《じょうふく》 240
万国一《ばんこくいち》 241
井底《せいてい》の蛙《かわず》 242
古瓦《こがわら》と土偶《どぐう》 243
便所 244
戴帽令《たいぼうれい》 245
客主《かくしゅ》 245
野鄙《やひ》 246
京城《けいじょう》の金利《きんり》 248
正月の遊戯《ゆうぎ》 249
編《あ》みもの 250
京城《けいじょう》の大通路 250
南大門《なんだいもん》の朝市《あさいち》 253

道路 256
農圃《のうほ》 258
鱶肉《ふかにく》 259
堤防《ていぼう》 261
共同《きょうどう》的精神 263
郊外の遊猟《ゆうりょう》 264
武官《ぶかん》 265
言語《ことば》と文章 267
牧業《ぼくぎょう》 269
今や、気概《きがい》は、まったく死す 271
地券状《ちけんじょう》 274
絶影島《ぜつえいとう》 275
上疏《じょうそ》 276
饗応《きょうおう》 278

目次

万人楔《ばんにんけい》　280
韓人《かんじん》の触売《ふれうり》　282
草木《そうもく》　283
気候　285
虎と山猫《やまねこ》　286
安城《あんじょう》の郡守《ぐんしゅ》　288
鼓楼《ころう》　289
京城《けいじょう》の鐘楼《しょうろう》　289
路傍《ろぼう》の小さな竈《かまど》　290
親戚《しんせき》の弁償《べんしょう》　290
王居《おうきょ》　291
科挙及第《かきょきゅうだい》　293
下馬碑《げばのひ》　294
算木《さんぎ》　297
巫覡《ふげき》　297
骨董《こっとう》　298
婚姻　299
悪鳥《あくちょう》退治　301
法庭《ほうてい》　302
刑罰　304
雑俎《ざっそ》　305
清国《しんこく》の野心、朝鮮の懦弱《だじゃく》、日本の無為《むい》　324
解説――『朝鮮雑記』とアジア主義　クリストファー・W・A・スピルマン　336

序

朝鮮は東洋のバルカン※半島である、などと言いながら、その十人に七、八人は、朝鮮の社会の真相を知らない。また、得意げに欧雲米雨《※おううんべいう》の風潮を説く者も、かえって、一葦水《※いちいのみず》を隔《へだ》てた鶏林《※けいりん》の光景を知らないものである。このような日本の論客は、はたして、灯台下《もと》暗しの嘲笑《ちょうしょう》に反論することができるだろうか。

わが友、如囚居士《※じょしゅうこじ》は、いわゆる万巻《まんがん》の書を読んで、かつ千里の道を行く人物である。文武両道にすぐれ、私欲なく、八道《※はちどう》（朝鮮全土）を周遊して、その視野は博《ひろ》く、また深い。彼の著書『朝鮮雑記』は、着眼点が並はずれており、文筆は軽妙、朝鮮の事情を詳しく述べているという点について、世間に比類《ひるい》がないものである。今の日本人が、最も読まなければならない書であろう。

※朝鮮の変乱は、まさに今が最中であり、わが国の耳目《じもく》もここに集まっている。この書のようなものが、まったく日本人必須の伴侶《はんりょ》となることを信じて疑わない。

明治甲午《きのえうま》（明治二十七年）六月　韓山《かんざん》の風雲が、まさに急を告《つ》げるとき

龍※吟生

※バルカン半島……ギリシャ、セルビア、クロアチア、ブルガリアなどを含む、ヨーロッパ南東部に位置する半島。「ヨーロッパの火薬庫」と呼ばれ、戦乱の頻発《ひんぱつ》地帯。朝鮮半島がそれに類するとされた。
※欧雲米雨……ヨーロッパが曇《くも》れば、アメリカで雨が降る。ヨーロッパの政情がアメリカの社会に深く影響していることをあらわしたものか。
※一葦水……一衣帯水《いちいたいすい》。日本と朝鮮が、狭い水域を介して隣国であるということ。
※鶏林……朝鮮の美称。もとは、新羅《しらぎ》の別称だった。
※如囚居士……本間九介《ほんまきゅうすけ》の、本書に限定したペンネーム。「如囚（囚《とら》われの如《ごと》く）」とは、なんともユニークな表現だが、その意図するところは不明。
※八道……「道」は、朝鮮の行政区分。北から、咸鏡道《かんきょうどう》、平安道《へいあんどう》、黄海道《こうかいどう》、江原道《こうげんどう》、京畿道《けいきどう》、忠清道《ちゅうせいどう》、慶尚道《けいしょうどう》、全羅道《ぜんらどう》の八道。これをもって、朝鮮全土の意をあらわす。
※朝鮮の変乱……東学党《とうがくとう》の乱（甲午《こうご》農民戦争）。この乱を平定するために、日本と清国《しん》が、朝鮮領内で派遣軍を対峙《たいじ》させ、日清戦争の要因となる。
※龍吟生……未詳。「りゅうぎんせい」と読むか。この紀行が連載されていた二六新報《にろくしんぽう》の社長、秋山《あきやま》

定輔《ていすけ》（一八五八―一九五〇）が、辰年生まれであることから、その雅号なのかもしれない。ただし、推量の域を出ない。

駕洛《から》という国号《こくごう》

※釜山《ふさん》（プサン）の日本人居留地から西北に七里※のところに、金海府《きむはい》（キメ）と称する都市がある。城郭《じようかく》で囲まれた、堂々たる大都市である。

ここは、※三国《さんごく》の時代に※首露王《しゆろおう》が都をおいた地である。ほとんど、今の※慶尚道《けいしようどう》の二分の一にあたる、大伽耶《かや》、小伽耶、古寧《こねい》伽耶などの五伽耶を支配下におさめた都市の古跡《こせき》である。

また、このあたりは、海に面し、わが国から最も近い。それで、※神功皇后《じんぐうこうごう》の征韓《せいかん》の軍は、おそらく、ここより上陸されたのであろう。

駕洛《から》は、伽羅である。わが国人（日本人）は、一般に、外国を指して「から」と呼ぶが、それもまさしく、この伽羅が起源と思われる。

そうすれば、江戸時代の国学者《こくがく》が、わが国の文物が充実しているのに対し、「から」は空虚《くうきょ》の意味であると、いかにも、朝鮮を見下した言葉であるかのように解釈しているが、そういったものは牽強付会《けんきょうふかい》の説ではないだろうか。

金海府の城門に掲げられた額には、「洛駕旧都亭門《らくがきゅうとていもん》」とある。

城外には、首露王と、その王妃許氏《きょし》の陵《りょう》がある。また、ここから二里行った地点、洛東《※らくとう》江《こう》（ナクトンガン）に枕《まくら》した（ほとりにある）丘陵には、文禄《※ぶんろく》征韓のおりに、黒田長政《※くろだながまさ》が築《きず》いた城趾《しろあと》が現存している。

※　釜山の日本人居留地……一八七六年に朝鮮と締結《ていけつ》された江華島《こうかとう》条約により、釜山など三つの港が開かれた。その翌年、釜山に最初の日本人居留地がつくられる。釜山には古くより、倭館《わかん》があったことから、この跡地に日本の租界《そかい》（賃借料を支払って自治を得る）を認めさせた。そして、日本から警護のための巡査も派遣され、ここにおかれた。

※　七里……朝鮮の一里は、日本のそれの十分の一で、約四百メートル。七里は、三キロ弱。

※　三国の時代……七世紀までの、高句麗《こうくり》、百済《くだら》、新羅《しらぎ》の時代。

※　首露王……スロワン。金官伽耶の初代王。金海金氏の始祖。実際は、三国の時代より古い時代の神

話的人物。
※慶尚道……八道の一。半島の東南部、釜山（プサン）、慶州（キョンジュ）、大邱（テグ）を中心とする地域。
※神功皇后の征韓……神功皇后は、応神天皇《おうじんてんのう》の母。神がかりした皇后に、新羅征討の託宣《たくせん》があった。
※洛東江……ナクトンガン。大邱（テグ）や釜山（プサン）を通り、半島南部の海に注ぐ大河。
※文禄征韓……文禄の役《えき》（一五九二―一五九三）。豊臣秀吉による最初の朝鮮出兵。朝鮮では、これを壬辰の役と称した。のちに、二度目の出兵として、慶長の役（一五九七）が行なわれている。
※黒田長政……一五六八―一六二三。安土桃山時代の武将。豊臣秀吉の死後は、徳川家康方につき、のち、筑前福岡藩初代藩主。

駕洛食《からし》

この駕洛《から》という言葉から、思い起こしたことがある。

朝鮮には、好んで辣味《からし》を食するという風俗がある。魚の汁や味噌汁などを調理するときに、何にでも胡椒《こしょう》（唐辛子）を加えないものはない。また、幼い子どもが、生姜《しょうが》や大根を嚙《か》み、舌を打ち鳴らして喜んでいる様子は、まるで、わが国の子どもが砂糖菓子を好むかのようである。先天《うまれつき》の嗜好《しこう》といってしまえば、それまでだが、たいへん奇妙な風俗といえるだろう。

また、わが国の人が胡椒を「からし」と呼ぶのは、駕洛食《からし》（駕洛の食べもの）ともいうべき言葉が語源となっているのではないだろうか。雪花菜《きらず》（おから）を「から」と呼ぶのも、かの国の人が、まるで馬のように雪花菜を多食することから、そのようにいうのではないだろうか。大笑い。

大中《だいちゅう》小華《しょうか》

朝鮮の※士人《しじん》は、※支那《しな》を呼ぶのに、常に中華《ちゅうか》と称し、その一方で、みずからを小華《しょうか》と称している。

そこで、私が、かの国の人から故国《ここく》を問われたときには、常に大華※の人であると答えている。彼らは、それを咎《とが》めて傲大《ごうだい》だと言うけれども、傲大であることと卑小《ひしょう》であることの、いずれがましだというのだろう。

また、彼らの常として、支那が中華と自称するのは、国威や国土の大小の意味でとらえているのではなくて、ただ地理的に世界の中央に位置する国だからだと、ものしり顔に弁明する。

しかし、私が、「では、どういったわけで、あなた方の国は、小華と称しているのですか」と論難すると、彼らは、ひと言も反論できなかった。

まだ道理をわきまえない、幼い子どもの必読の書を、『童蒙先習《※どうもうせんしゅう》』という。この書の中には、「中華の人は、朝鮮を小中華《しょうちゅうか》と呼ぶ」などと書いてある。

ああ、彼らの事大《※じだい》の風習には、長い歴史があるのだろう。

※　士人……社会的知識階層。朝鮮の士人の多くは、両班（ヤンパン）といわれる制度的支配層で、もとは文武を受けもつ官僚だったが、のちに世襲、特権化し、各地の代表や地主などになった。

※　支那……漢民族の全史的な自称である「中華」と、満洲人の自称である「清国」の双方に対する、外来の呼称。

※　大華……中華、小華に対する、著者の言葉遊び。

※　童蒙先習……十六世紀に書かれた、幼少者のための教科書。日常のしつけ、儒学《じゅがく》に関する内容か

ら、中国・朝鮮の歴史までが、まとめられている。

※ 事大……『孟子《もうし》』に、「ただ智者のみ、よく小をもって大に事《つか》うるとなす」とあることから、「大に事える（事大）」を最大の礼とした。しかし、これより、小中華である朝鮮が、中華に服従するための、迎合《げいごう》的な大義名分（事大主義）が生じることとなった。

石《いし》無《む》情《じょう》

※京城《けいじょう》（ソウル）に住む某氏《ぼうし》の邸内に、人物を精密に彫刻した、蠟石《ろうせき》（やわらかい石）の五《ご》重塔《じゅうのとう》があった。

かの国の言葉に通じていない日本人が、どうしても、その石造の五重の塔を見物したいと考えた。しかし、ほうぼう尋《たず》ね求めても、見当たらない。深く遺憾《いかん》に思い、道を通りかかった※韓人《かんじん》に聞くことにした。

此近処、※蠟石切人者、有否（この近所に、蠟石が人を切ったものが、ありますか）。

といった文章を、紙きれに※十字とともに書いて示した。

その韓人は、困惑《こんわく》したように首をひねっていたが、やがて、その文の傍《かたわ》らに、こう書き加えた。

石無情、焉得切人哉、蓋虚説耳（石に感情はありません。どうして、人を切ることができましょうか。私が思いますに、その話は何かの間違いでしょう）。

日本人には、その文の意味がわからなかった。

そこで、筆談のやりとりを持って帰って、釜山（プサン）の日本人居留地まで来て、ある人に訓読《くんどく》を請《こ》うたのである。この漢文での筆談の内容を聞いた人で、噴き出さない人はなかった。

この石塔は、※高麗《こうらい》朝の遺物で、表面には日本人が漁網《ぎょもう》をひく図を彫刻しているというのだが、今は摩滅《まめつ》して判別できない。

「石切人」の問いは、それだけで笑える冗談であるが、得た答えの意味もわからず、また訓読を請うたというのが、とんだ笑い話である。

※　京城……今のソウル。ただし、朝鮮時代、大韓帝国時代の正式名称は漢城《かんじょう》で、京城は別称のひとつ。

※　韓人……筆者は、一般の人民の呼称について、当時、より一般的であった「朝鮮人」ではなく、あえて韓人と称している。
※　蠟石切人者、有否……この日本人は、漢文の語順がわからなかったために、「蠟石が人を切る」としてしまった。
※　十字……四つ角を示して、順路を聞こうとしたのか。
※　高麗……一三九二年まで続いた、朝鮮の前の国号。

残飯《のこりもの》を貪《むさぼ》ろうとする

私が旅行中に、これこそ最も奇妙な風習ではないかと驚いた話をしよう。

かつて某所に宿泊したときに、そこの旅亭《はたごや》の主人が、私の腰纏《※ようてん》が重そう（持ち金が多そう）なのを見て、よいカモが来たと思ったのだろう、万事まめまめしく、夕飯のおかずは何がよろしいでしょうか、これで問題はありませんかなどと、ことのほか丁重《ていちょう》に待遇した。

やがて、晩餐《ばんさん》のときになって、まさに箸《はし》をとろうとすると、近隣のものと思われる男が、入って来た。すると亭主は、この男の姿を見るなり、すぐさま飛んできて、その場でひと悶着《もんちやく》起こしたのである。

近隣の男が言うには、「日本人がどんなものを食べているのかを見に来ただけです、しばらくいますが、そんなに怒らないでください」。

これに対して、亭主は、それは違うだろうと否定し、「おまえが、食事の時間をはかってやってくるのは、残飯《のこりもの》を貪《むさぼ》ろうとしてのものだ。珍客《ちんかく》の余涎《よえん》（たまに来る客の残飯）を、どうして、おまえなどにくれてやらねばならないのだ」。

男は、「それは違います。ただ、それでも疑われるのでしたら、引きあげるしかありません」と言い、顔を真っ赤にして帰っていった。

私は、そのとき、心の中で思った。亭主の言いようは、隣人の男をおおいに侮辱している。いかにも、野卑で田舎者のように見えるけれど、それだけで、どうして私の残飯をねらっていると決めつけられるのか。

しかし、このことは、のちになって、ようやく理解できた。あの男は、実際に私の残飯を得るためにやって来たのである。そして、亭主は、これを他人にくれてやるのを惜しんだのである。

衣食足りて、礼節を知る。まず腹がふくれてこその礼儀である。この国にして、こうした習俗があることは、なんら深く怪《あや》しむに足らない。

茶碗一杯の残飯をめぐって、韓人《かんじん》は、よく口角泡《こうかくあわ》を飛ばしている。ましてや、一席の珍《ちん》羞美膳《しゅうびぜん》（ごちそう）には、彼らは命をかけるというのだろうか。

※　腰纏……腰につける袋。旅の費用を入れるためのもの。

食《くら》うという言葉

この国で用いられる「食《くら》う」という言葉の意味は、たいへん広い。「飯を食う」というだけでなく、水を飲むのも、煙草《たばこ》を喫《きつ》するのも、薬を服するのも、いずれも、「水食う」「煙草食う」「薬を食う」という。その他、碁《ご》や将棋、賭博《ばくち》の負けにも、彼らは「何銭、もしくは何目《もく》を食った」という。さらには、官人（役人）が賄賂《わいろ》をおさめるときでも、「彼は、何貫文《なんがんもん》を食った」という。梅毒《ばいどく》を病む人を「一杯《ハンジャン》食った《モックン》人《サラム》」

というのも、また奇妙である。

なかでも、たいへん奇妙なのは、日常の挨拶《あいさつ》で、「あなた、朝飯をもう食べましたか、夕飯は食べましたか」といった問いをすることだろう。食事の時間に食事をしない者もないかと思うが、この問いが、いたって普通の挨拶であるというのは、まったくもって奇妙である。

およそ乞食《こじき》に向かってであれば、食事の有無をもって挨拶とするのはわからないでもないが、同等、それ以上の人に対しても、このような言葉を用いるのは、私たち日本人の感覚からすれば、たいへん無礼なように思うのだ。

もしかすると、私たちが日常的に用いている「恙《※つつが》」という言葉が、かつて恙虫《つつがむし》の害が多かったことに由来しているのと同様、かの国の人は、食物というものについて最も困難を感じているために、このような慣用に至ったのかもしれない。

いや、そうではないかもしれない。そういえば、私たち日本人も、「一杯食った（してやられた）」というような表現をすることがある。ただ韓人だけにあてはまるわけではなさそうだ。彼らのことばかり言ってはみたが、日本人も似たようなもの。思わぬところで、人の心の野卑なところを知る結果になってしまった。

※恙……「つつが」は、災難のこと。「つつがなし」で、平穏無事をあらわす。この語が、ダニの一種であるツツガムシに由来するというのは、俗説である。

紙幣《しへい》を評《ひょう》する

※孔方銭《こうほうせん》の他に通貨のない国の人の発想には、それこそ、思い出すたびにおかしなものがある。それは、朝鮮のある地にて、私が懐《ふところ》に入れておいた紙幣《しへい》を示したときである。

さっそく、多くの韓人《かんじん》たちが集まってきて、その紙幣を口々に評している。

その一人が言った。「これは、唐木《とうぼく》（中国古来の銘木）、金巾《かなきん》（キャラコ）に貼りつけた印刷物《すりもの》と同じものだろう。こんなものを通貨というのは、もしや日本人は、私たちを欺《あざむ》こうとしているのではないか」と。

また他の一人が言った。「もし、このような軽いものが通貨であれば、盗賊に逢《あ》ったとき、それこそ大量に掠《かす》めとられてしまうことになるのではないか」。というのは、韓銭《かんせん》はたいへん重く、いかに力持ちの盗賊であっても、十五貫文《かんもん》、つまり日本の二十円以上は持ち去ることができないからだ。

また他の一人が言った。「韓銭をこの紙幣とやらに換《か》えて蓄《たくわ》えておけば、外見はお金がないように見えるから、官人《かんじん》（役人）に目をつけられて、とりあげられる心配もないだろう」。官人が、理由なく庶民の財を奪っていくのは、この国の通弊《つうへい》である。

このように、十人十色《じゅうにんといろ》、彼らの評論は、鼎《かなえ》が湧《わ》く（鍋釜が沸騰《ふっとう》する）かのように終わるところがない。まるで、目の見えない人がこの象は大きいと評しているかのようである。

そのなかで、当初から黙然《もくねん》として思案顔《しあんがお》の人がいた。彼が私に向かって、静かに言うには、「この紙幣とやらは、たいへん便利なものと見ました。知らないので教えていただきたいのですが、これを使用するための権利を得るには、いったい、政府にどれほどの税金をおさめなくてはならないのでしょうか」。

ああ、この問いこそ、最も妙かもしれない。ひとつひとつの批評の中に、韓人の真相というものが露出しているではないか。

京城《けいじょう》（ソウル）にて、西洋の巻煙草《まきたばこ》の「レッター」を手に、買物に来た韓人を見たことがある。それであるから、紙幣というものも、ある人より受けとることのできるものではないかと。

※ 孔方銭……四角い穴のある硬貨。日本の寛永通宝《かんえいつうほう》のようなもの。

詩話《しわ》を好む

わが国においても、唐人《とうじん》とその才《さい》をくらべ、勝ち誇ったかのような話が少なくない。ましてや、かの国は、ことに支那《しな》を尊《とうと》ぶ風習であるから、支那人に勝ったなどとなれば、たいへんな名誉と思うのである。

※黄海道《こうかいどう》の載寧《さいねい》郡から七里ほど行った※九月山《くがつさん》という山中に、有名な古刹《こさつ》がある。私がここを訪ねたとき、かつて、唐《とう》の有名な詩人がこの山に来たことがあると、寺の僧が話してくれた。

僧が言うには、この唐の詩人が、

九月山中春草緑※

と詠《よ》んで、近くにいた韓人《かんじん》にその対句《ついく》を求めた。すると、その人は、すぐに筆を染《そ》めて、

五更楼下夕陽紅※

と書きつけ、そのあまりの出来栄《できば》えに唐人を驚かせたと。

説明を終えた僧は、自慢げである。まさに、詩話《しわ》を好むということだろう。一読清風を懐《ふところ》にするような感があった。

※　黄海道……八道の一。朝鮮半島の西海岸。今の北朝鮮に属する地域。

※　九月山……クウォルサン。古くからの朝鮮の名峰。

※　九月山中春草緑、五更楼下夕陽紅……唐人が、「九月という名の山の中だというのに、草緑が春のように美しい」としゃれたところ、「五更《ごこう》という名の楼《ろう》から眺めているというのに、夕陽が紅《あか》く美しい」と返した。「五更」は、夜間を五等分したときの最後の時間帯（午前五時ごろ）であり、もちろん夕陽は見えない。唐詩というよりは、謎かけのようでもある。

夏の旅行

客舎《はたごや》には、蚊《か》、虱《しらみ》、蚤《のみ》に加え、ビンデーという、一度咬《か》まれれば一週間は痛む寝床《ねどこ》の虫が多く出るため、室内で寝ることができない。そのため、夏になると、宿の主人も室内には案内せず、内庭《うちにわ》、あるいは路上《みちばた》に蓆《むしろ》を布《し》き、そこに木製の枕を持ってきて、客をこの上に寝かせる。

とはいえ、いく群《む》れとなく蚊などが襲ってきて、安眠を買うことはできない。枯草を焚《た》いて蚊やりとすれば、煙が出ているうちは蚊も寄ってはこないが、自分もまた、煙にむせて、やはり寝られない。ようやく煙が絶えたかと思えば、まもなく群蚊《ぐんか》が、鼓《つづみ》を鳴らして耳ぎわをかすめ、終夜《よもすがら》ブンブンと、つかの間も、まどろむことができないのである。

これに加えて、蒼天《そうてん》のもと、野宿しているのであるから、夜露《よつゆ》がふって衣服が湿《しめ》るし、その苦しさは、あたかも、深山幽谷《しんざんゆうこく》に遊んで帰路を見失い、虎や豹《ひょう》のうなり声を聞きながら、身を横たえているかのようである。

宿を貸さぬ人の心のつれなさに、朧月《おぼろづき》に伏《ふ》し、行き暮れて、花をあるじ（宿の主人）と眺めるのは、値千金《あたいせんきん》の春宵《しゅんしょう》（情緒ある春の夜）というが、これは※三伏《さんぷく》の夏の夜の話である。宿を得られず野宿する情緒はあるだろう。ただ、宿を得ておきながら、その宿が宿の体裁をなしていないがために、結局は野外で、露を褥《しとね》（敷き布団）に夜を明《あ》かすことのほうが、かえって旅の情緒があるといえなくもない。

※　三伏……七月下旬から八月上旬にかけての猛暑。

官人《かんじん》は、みな盗賊《とうぞく》

ある外国人が、韓人《かんじん》に向かって言うのには、「あなたの国の官人《かんじん》（役人）は、思うままに一般人民の財貨を奪い去っているようですが、これを見ると、官人はむしろ公盗《こうとう》（公人の盗賊）と称すべきものではないでしょうか。しかも、公の人間が国民を苦しめているのですから、私盗《しとう》（一般の盗賊）よりずっと悪質というしかありません。それでは、どうして、このような官人を殺して、国家の害をとり除《のぞ》こうと考えないのですか」。

まったくそのとおりで、私もそう思わないわけではないが、今の官人に盗賊でないものはいない。たとえ、一人の人間が自分の身を犠牲にして、一人の官人を殺すことができたとしても、そのあとを引き継《つ》いでやってくる官人が、また盗賊なのである。これでは、どうしようもない。ああ、彼らの境遇《きょうぐう》は、まったく憐《あわ》れむべきものだ。ただ、ここで仮に、千人の「※ゲスレル」がいたとしても、「※テル」を自任《じにん》する一人が出てくるだけで、官人鳥（役人野郎）は、その欲を自由にふるまうことができようか。

しかし、彼ら韓人は、このような惨憺《さんたん》たる地獄の中にあっても、あえて気にすることがない。私のような第三者からすれば、かえって酸鼻《さんび》の情（心を傷める）を深くし、惻隠《そくいん》の念（同情）を厚《あつ》くさせられるのであるが、彼らは、代々受け継がれた遺伝によって、そのようにさせられているかのようだ。

ああ、彼ら無気力な韓人たちは、いわば、泣く子と地頭《じとう》には勝てぬとばかりに、自暴自棄《じぼうじき》になって、悲惨の境地で呻吟《しんぎん》（苦しみ、うめく）しているのだろうか。

※門閥《もんばつ》政治と※藩閥《はんばつ》政治、言葉は違っていても、そのやり方は同じ、その弊害も同じ。（日本と朝鮮）ともに、志《こころざし》ある人が行動を起こすべき時機。

※　ゲスレル、テル……悪代官ゲスラーと、英雄ウィリアム・テルの対比。ウィリアム・テルの放った矢は、息子の頭上のリンゴに命中するが、本筋は、オーストリア・ハプスブルク家による支配からの、スイスの自由をうたう話である。これを持ちだした筆者の念頭にあるのは、朝鮮の庶民が革命によって現王朝を倒し、清の支配から独立する希望に他ならない。
※　門閥政治、藩閥政治……朝鮮の名家（門閥）が支配する政治と、日本における一部の藩の出身者によって支配される政治の対比。

混沌未判《こんとんみはん》

かの国には、定まった国旗がないも同然である。

ただし、釜山（プサン）近辺では、わが国にならって、国王の万寿節《まんじゆせつ》（誕生日）には、図のような旗を上げ、また、船舶にも同様の旗を翩《ひるがえ》しているのを見る。これが、おそらく、かの国の国旗の濫觴《らんしよう》（起源）ではないだろうか。この旗章には※天地未判《てんちみはん》の意味があるという。

元来、かの国は、混沌《こんとん》の図を尊《とうと》ぶらしく、地方の官衙《かんが》（役所）の門には、図のような模

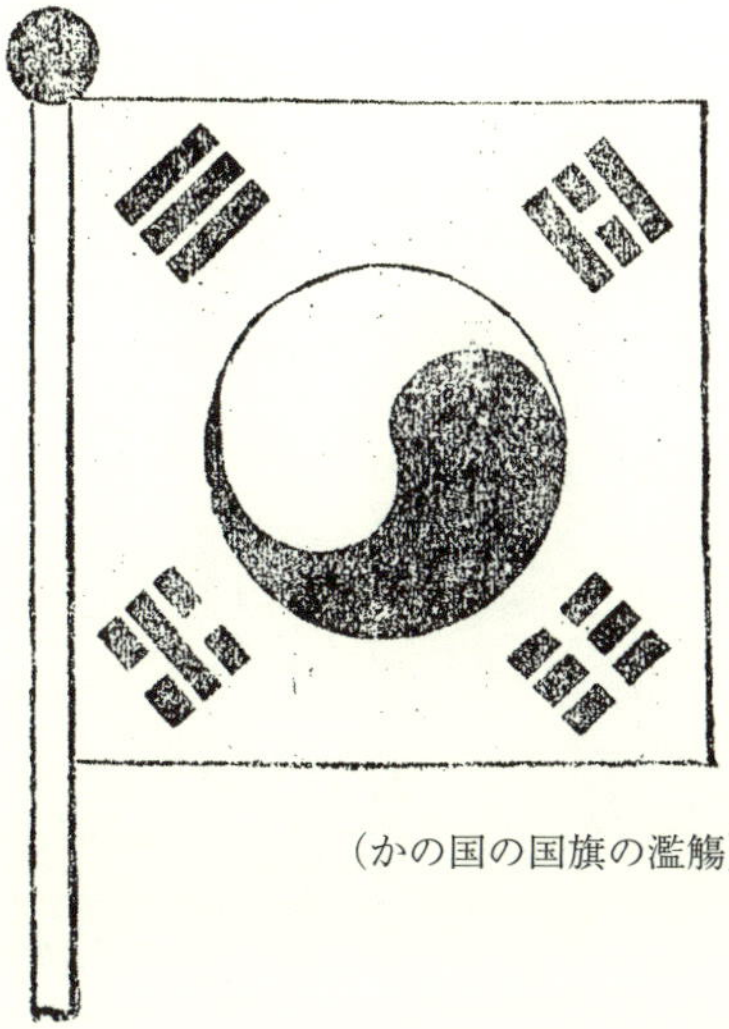

（かの国の国旗の濫觴）

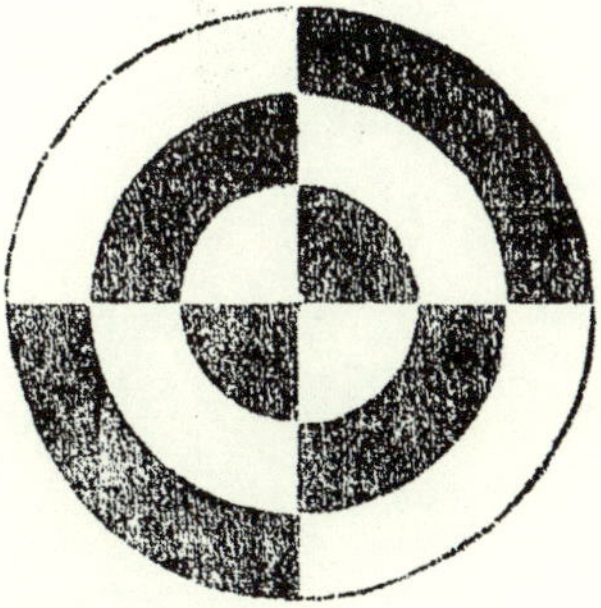

（地方の官衙の門に描かれる図）

様を画《えが》くのが常である。

ああ、かの国は、堂々《どうどう》たる四千年の古国でありながら、何をもって混沌未判を尊ぶのだろうか。今日、この国の文明はいよいよ衰退し、その混乱のあまり、ついに意味不明の境地におちいっているような傾向があるのも、けっして偶然のことではないだろう。

かつて、※典圜局《てんかんきょく》が、新造の銀貨の雛形《ひながた》に梅の花を鋳出《いだ》したことがあった。その意図を思うと、※一陽来復《いちようらいふく》、冬の時代だった朝鮮にも、いよいよ春が訪れる、朝鮮はこれから開けていくと。しかし、現実はどうか。典圜局の事業は停止してしまっている。

この国は、とうとう混沌のうちに終わろうとしているのだろうか。憐《あわ》れむべきは、この混沌図である。

朝鮮は、なお腐った卵のようである。すでに孵化《ふか》する力はない。どうやって、腐った卵から孵化し、自分で殻《から》を破って、コケコッコーと鳴く朝がやってくるというのか。

※　天地未判……正しくは、「天地未剖《みぼう》、陰陽未判」。天と地、陰と陽が、いまだ混沌として、分離していない状態。

※　典圜局……圜（銭）の鋳造をつかさどる局。
※　一陽来復……陰《いん》の気《き》が極《きわ》まって、陽《よう》の気が生《しょう》じる。冬が過ぎれば、必ず夏が来る。悪いことがあっても、そのあとには、必ずよいことが起こる。

主人、縛《しば》られる

慶尚道《けいしょうどう》の草渓栗旨《※そうけいユルチ》でのことだ。私が泊まっていた宿に、三、四人の官人《かんじん》（役人）が入ってきて、宿の主人を縛《しば》って連れ去ろうとした。

これを見た村人たちが集まってきて、官人の前で頭を下げ、腰を屈《かが》めて、ひたすら主人のために赦免《しゃめん》を請《こ》いつづけたが、官人は聞き入れようとせず、さらに騒いでいる。

主人が、何ごとで、どういう罪を受けたのだろうかと、不思議に思いつつ様子を見守っていた。すると、宿の女房が、二貫文《かんもん》ばかりの銭を手にしてあらわれ、罪を謝した。そこで官人たちは、たちまち表情を和《やわ》らげ、主人の縛りを解き、ニッコリとして銭を受けとると、立ち去っていった。

のちに、理由を聞いてみた。それによると、草渓郡守《ぐんしゅ》（地方の首長）がこのあたりを通行していたときに、宿の主人が、烟管《きせる》を口にしていたことが不遜《ふそん》だといって、あのように縛られたというのだ。女房が官人に捧げた一貫文※は、じつに賄賂《わいろ》であった。

主人を縛りつけるという演劇の価値は、わずかに一貫文。韓人《かんじん》は知らないであろう、わが国の俳優、団十郎《だんじゅうろう》は、一日数百円をかせぐということを。

※　草渓……チョゲ。釜山の西北に位置する。

※　一貫文……当初の二貫文が、なぜ一貫文になったのかは不明。

十里標《じゅうりひょう》

朝鮮の内地《ないち》※に入ると、市街村落が尽きるところに、不思議な人形を彫刻した標木《ひょうぼく》が立っているのを見る。これは、かの国の十里標《じゅうりひょう》で、長承《ちょうしょう》（チャンスン）と名づけられている。以前は、十里、およそ日本の一里ごとに、これを立て、旅人の便《べん》としたという。

天下逐鬼大将軍

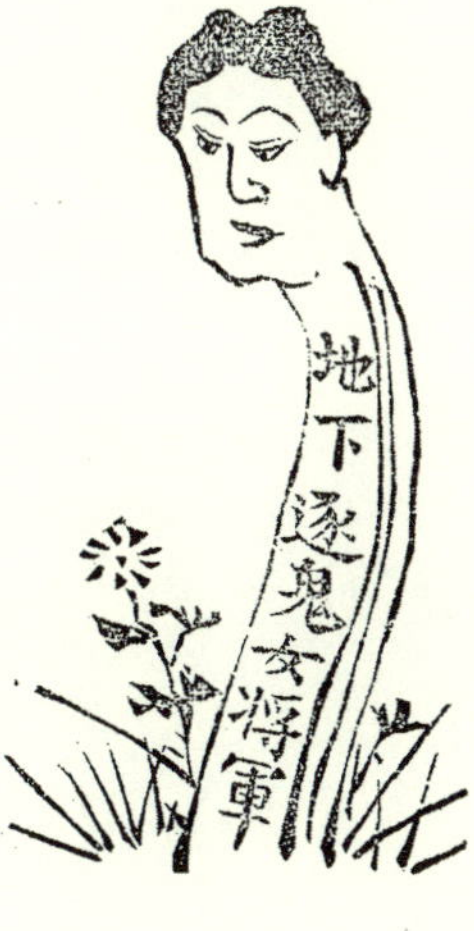
地下逐鬼女将軍

長承とは、かつての悪人の名で、道ばたに曝《さら》し首となった様子から思いつき、路標《しるべ》にしたともいう。

今も、「去京（京を去ること）幾十里」など道程を書き記したものもあるが、多くは、「天《てん》下《か》逐《ちく》鬼《き》大《だい》将《しよう》軍《ぐん》」「地下逐鬼女将軍」と書いたものを配して、逐疫《ちくえき》（疫病の予防）のご神体としている。

※内地……日本人居留地民は、多くが港湾都市に住んでいたので、「内地」という言葉には、内陸の地域という意味あいが含まれる。島嶼《とうしよ》や海外領地に対する「本土」の意味ではないので、注意。

女医《じよい》

かの国の中流以上の婦女は、病にかかっても、男医《だんい》に診察を受けることはない。たとえ、診察を受けることになっても、顔を見せることを恥じ、被服より手を出して、わずかに脈を診《み》てもらう程度である。

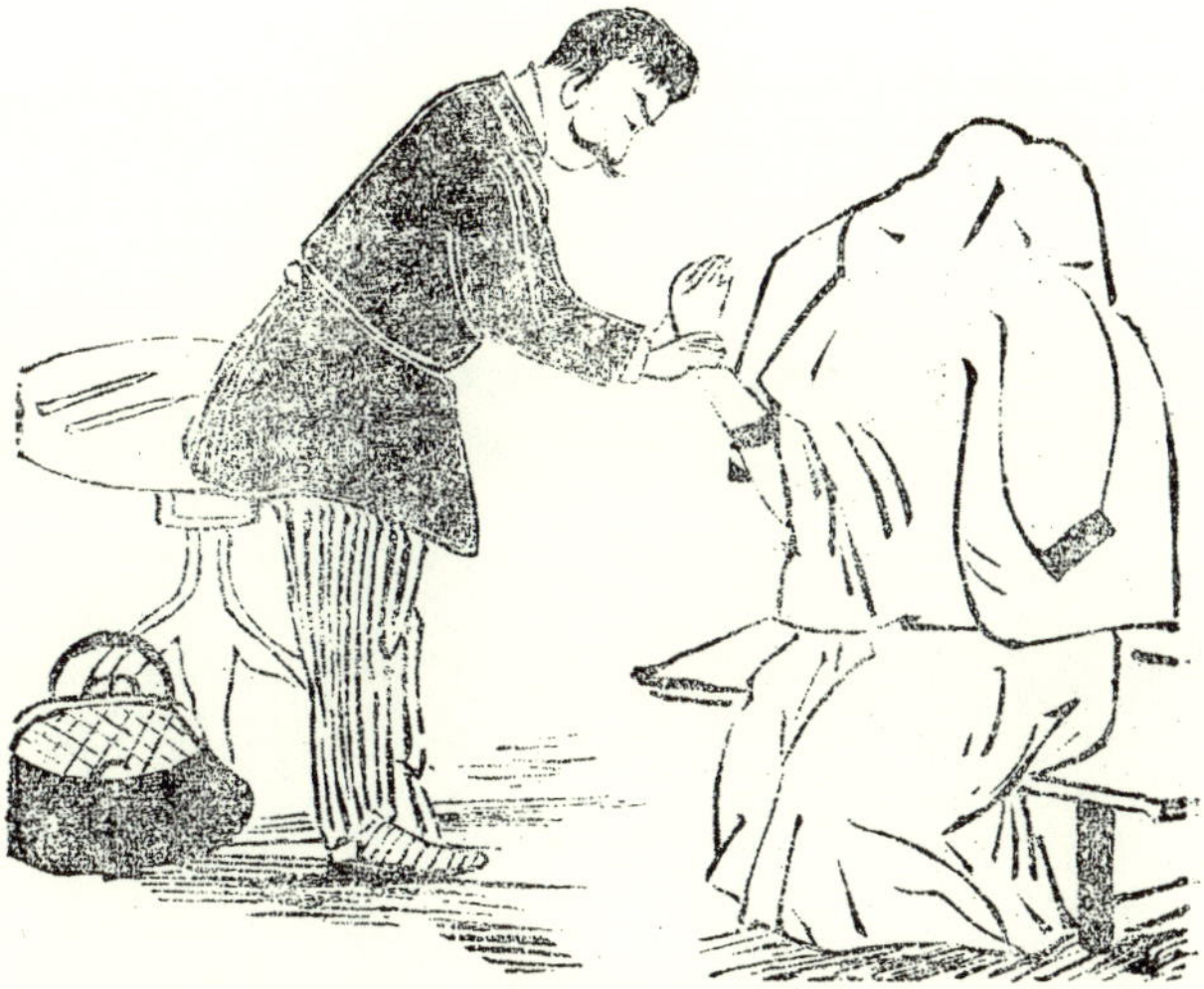

朝鮮美人が日本人医師に病を診てもらっているところ。
図で、その顔面を覆っているのは、恥ずかしいからである

もっとも、女医《じょい》というものもある。しかし、医者というのは名ばかりで、『傷寒論《※しようかんろん》』一冊を読んだこともなく、その現実は、売春を渡世《とせい》とするものである。このような女医が、まさかのときの役に立つわけもなく、哀れにも、かの国の婦女は、重病におかされたら、みすみす命を棄《す》てるしかない有様なのだ。

日進月歩のわが国の文明では、婦女が医の道を志《こころざ》し、業を卒《お》えたものが、たいへん多い。もし、日本人女医が、折よく一葦水《いちいのみず》(一衣帯水)の海を渡って、かの国に入り、この憫《あわ》れむべき病婦を済度《※さいど》(救済)したならば、その功徳無量《※くどくむりよう》、また利益《※りやく》も、たいへん多いものになるだろう。

京城《けいじよう》(ソウル)に在留する日本人で、医業を行なうものは三人あるが、みな、それ相応の資産を有し、毎月の平均収入も百五十円を下らないという。

日本人婦女で、波濤《はとう》(海)を越えて、外国に入ろうとするものの多くは、売春婦である。もし、女医が、その技術をもって海外で万金《まんきん》をかせぐのを見れば、今はろくでもない売春婦も、医を学ぶ志を立てるだろうか。

※　傷寒論……三世紀の中国で書かれた古典医学の基本書。
※　済度、功徳無量、利益……仏教語を用いているのがおもしろい。

海州《かいしゅう》の浴場《ゆあみば》

昨冬、黄海道《こうかいどう》の海州《※かいしゅう》に旅したとき、宿の主人が会釈して、「近隣に浴場《ゆあみば》があります。お客さんがお望みなら、ご案内しましょう」と言う。

数十日の旅のあいだに一回の入浴の機会もなかったので、皮膚を掻《か》けば、垢《あか》が爪にたまるほどだった。朝鮮内地《ないち》の宿は、一軒として浴場の設備がなく、夏であれば、河で沐浴《もくよく》することもできるが、時は厳冬《げんとう》、どうにもならずにいたところ、運よく、この勧《すす》めがあったのである。生きかえる思いがして、飛び起きると、石鹸《しゃぼん》を携《たずさ》え、主人に随《したが》う。

主人は、私を連れて一室に入ると、ここで衣服を脱ぐように言った。見ると、室内には湯浴《ゆあみ》の先客がいた。

座っているもの、臥《ふ》しているもの、あわせて十数人ばかり、みな、肉は落ち、骨は痩《や》せ、この世の人間とは思えないほどだった。座っているものは、その眼が井戸の底にあるかのように異様に光り、臥しているものは、ぜいぜいとあえぐさまが炎を吐いているように見えた。さながら、ひとつの地獄を見ているようだった。

私が心の中で怪しんでいると、主人が言った。「これは、近郊の住人たちで、病痾《びょうあ》（長わずらい）を養生《ようじょう》しているのです」。ようやく、彼らが地下の陰鬼《いんき》（亡霊）ではないことを知った私は、衣服を脱ぎ、素っ裸になって浴場に入る。

浴場は、直径三間（約五・四メートル）ほど、高さ二間（約三・六メートル）ほどの円形の建物で、小石を積み重ねて壁をつくり、その隙間《すきま》を土で埋めている。屋根には藁《わら》を葺《ふ》き、通常の家屋と変わりない。前面にひとつの潜《くぐ》り戸《ど》がある。

戸を押し開いて中に入ると、主人が再びこれを閉じた。その室内は暗く、わずかな光さえ漏《も》れていない。というわけで、昼がたちまち夜になったかのようで、咫尺《しせき》（数十センチ前）はもとより、寸前《すんぜん》も区別できなかった。えんえんと火気が強く、たいへん熱い。あたかも、寒帯《かんたい》から一足飛《いっそくと》びに赤道地帯へ来たかのようだ。

びっくりしながらも、左に右にと、暗闇《くらやみ》の中をさぐって湯槽《ゆぶね》を求めたが、ただ、四方の

（右にあるのが浴場。前面に潜り戸が見える）

固い壁に触れるだけで、湯槽がどこにあるかわからない。

そのとき、指を落とすような厳寒から、突然、熱い鍋の中に放りこまれた私を、耳鳴りが襲った。頬が熱く、呼吸は逼迫《ひっぱく》、心臓の音は激昂《げきこう》し、眼が飛び、肉が融《と》けるようで、その苦痛は、表現できないほどだ。

湯槽はいっこうに見つからず、すでに生命の危機にある。すぐに出ようとしたが、潜り戸の場所を忘れてしまい、周章狼狽《しゅうしょうろうばい》（大あわて）。どうにか探しあてると、急いで戸を押して外に飛び出し、一命をとりとめたのは、幸運である。

私を見つけた宿の主人が、駆けよってきて、言った。「お客さん、いい汗をかきましたね。すぐに洗い流してください」。

ああ、これは、湯浴ではなく、熱浴《ねつよく》（サウナ）だったのだ。屋上で火を焚《た》いて、下に熱を送っている。ほとんど、わが国の麴室《こうじむろ》に似たものである。今さら、湯槽を探しても見つからなかったのは、当然のことであった。はじめて、このような浴室を見た私の驚きを、わかっていただけるだろうか。

私の汗で濡れた髭《ひげ》は、再び室外の寒気に触れて、すっかり凍りついてしまった。あわただしく衣《ころも》を羽織《はお》って宿に帰った。

医者に聞くと、この浴法は、ある意味、理にかなっているのだという。これまで※餓鬼道《がきどう》を経《へ》てきて、ついに焦熱《しょうねつ》地獄に落ちたのである。これで生命が尽《つ》きないものは、ほんのわずかであろう。

『東海道中膝栗毛《とうかいどうちゅうひざくりげ》』で、弥次喜多《やじきた》が五右衛門風呂《ごえもんぶろ》を見たときのくだりを思い出す。さすがの豪傑も、このたびの熱浴には閉口《へいこう》すると思う。

※ 海州……ヘジュ。今の北朝鮮の南西部、海に面した都市。

※ 餓鬼道……地獄のひとつ手前、飢《う》えと渇《かわ》きに苦しむ世界。朝鮮の貧しい食糧事情を皮肉ったものか。

放擲《ほうてき》主義

朝鮮は、すべてにおいて、放任主義。いや、むしろ放擲《ほうてき》（放り出してしまう）主義の国だといえよう。それが、ただ古くからの習わしなのかと思えば、そうではない。積もり積もった弊害《へいがい》をかたくなに守ろうとしたものであって、そのさまは、どちらかといえば、国是《こくぜ》（国民総意の方針）ともいえるようなものである。

そのため、殖産興業《しょくさんこうぎょう》に用いるような財源も、そんな感じのところから生《しょう》じてくるし、国家も、そんな感じで存在しているのである。つまり、こういったもの一切を国家が放擲してしまい、無知蒙昧《むちもうまい》な（知識のない）一般民衆に押しつけ、悠然《ゆうぜん》としながら、国家の存亡を度外視《どがいし》し、あえて意に介《かい》さないようにしているように思える。これは、たいへん憐《あわ》れむべき状況にちがいない。

すべてにおいて、こうであるから、朝鮮において、いまだ新事業を見ることがないのは、もとより同様の理屈なのである。

新《しん》貨《か》鋳造《ちゅうぞう》の失敗でも見たように、大三輪《だいさんりん》（仏道でいう身口意《しんくい》の正しい働き）の才識《さいしき》が、まだ足りない。しかし、その手腕を少しも伸ばすことができないのも、積もり積もった弊害《へいがい》が作用していることを疑う余地はない。

すると、わが国の人が赤誠義俠《せきせいぎきょう》（真心と男だて）の心をもって、彼らに世界の状勢を悟《さと》らせ、新しい空気を吸わせ、新事業の興隆が生じるように努力したとしても、根本的にかの国の革新を行なったあとでなければ、ただ紙の上に、一千の画を描《えが》き、一万の図を引くようなもので、むなしく泡沫《ほうまつ》となって消えてしまうだけだ。

また、わが国の人が、彼らの愚昧《ぐまい》なのを憐れんで、新聞を発刊し、学校を設立し、くりかえし、彼らを文化というものに導こうとしても、うまくいかない。

なぜなら、その説《と》くところ、その授《さず》けるところが、彼らの立国《りっこく》の本源、彼らの立身《りっしん》の本体に反し、そして、仮にも、それが孔孟《※こうもう》の教えから離脱し、また、朝鮮の積弊《せきへい》の基点を指摘するような内容になれば、韓廷《※かんてい》は必ず、令を発し、法を設《もう》けるなどして、新聞の閲読《えつどく》を禁じ、校舎への出入りを罰するようになるからだ。それが、彼ら権力のわかりやすい反応である。

いや、学校を設立しようとし、新聞を発刊しようとする以前に、浮説《ふせつ》（流言）が百出し、「日本人は、学校や新聞を足がかりにして、奸作《かんさく》（悪だくみ）を行なおうとしている。ゆゆしき国家の一大事が、必ずこの中に潜《ひそ》んでいる」などと、他人の赤誠から湧《わ》き出た恩恵的事業をも敵視して、それを破壊しようとするのだが、それも、たいへんわかりやすい反応である。

ああ、※魯酒薄《ろしゅうす》くして邯鄲《かんたん》囲まれ、※唇亡《しんほろ》びて歯寒《はさむ》し——。このような愚邦《ぐほう》（朝鮮）と境を接し、壌《つち》を交える邦国《ほうこく》（日本）の不幸は、大きなものではないか。

もっとも、そういった問題は、ただ韓国だけにあるのではない。弱邦人（弱い国の住人）が強国人の事業にいだく感情は、常にこのようなものだろう。思うに、※疑心《ぎしん》というものが、おのずから※暗鬼《あんき》を描き出すだけである。憐れむべし、憐れむべし。

※　孔孟……孔子《こうし》と孟子《もうし》。つまり、古い中国の論理思考のたとえ。

※　韓廷……朝鮮の宮廷。のちに清国から独立し、大韓帝国を名乗るが、これ以前の段階で、韓廷の呼称を用いているのは異例。

※　魯酒薄くして邯鄲囲まれ……戦国時代（紀元前四〇三―二〇一）の中国において、魯《ろ》の国の酒が薄いことで、趙《ちょう》の国の首都である邯鄲が攻められたことから、とんでもない理由で、災禍《さいか》をまねくことのたとえ。

※　唇亡びて歯寒し……唇と歯は、お互いを補完しあう関係であることから、一方が欠ければ、一方の存立《そんりつ》も危《あや》うくなることのたとえ。

※　疑心、暗鬼……疑う心が大きいあまりに、暗闇の中で、いないはずの鬼の幻影を見てしまうこと。

韓人《かんじん》は単純だ

韓人《かんじん》は、比較的に正直というよりは、むしろ単純というべき人種である。彼らの喜怒哀楽は、すこぶる現金的《げんきん》（目先の利害や状況で、態度や主張を変える）なものだ。

彼らは、人の面前を装《よそお》い、あるいは飾るなどという、陰険《いんけん》の部類に属する性質が少ない人種である。というわけで、彼らは、眼前では、恩にも感じ、また、威力にも服従する。しかし、しばらくすれば、たちまち忘れており、まるで知らなかったことのようにふるまうのである。

これは、彼らの中に、心服《しんぷく》する（強く心に感じ、したがう）という性質が、備《そな》わっていないからだ。誰かが、もし、彼らを心服させようと努力したところで、効果を得ることは、まったく稀《まれ》である。たびたび威力を加えていると、怨《うら》むし、たびたび恩を施《ほどこ》していると、それに慣れっこになってしまう。そういった意味では、たいへんあつかいにくい人種なのだろう。

例として、彼らが金を借りたとしてみる。その借用書には、期日を経過しても返済の義務を果たさない場合は、違約金として五貫文《かんもん》を求めるとか、法的な手続きをして公裁《こうさい》をあおぐこととするとか、ゆったりと書いておいても、瓜期《かき》（期間の満了）になって、返済を催促《さいそく》したなら、彼らは必ず、こう答えるであろう、「一銭もありません。もう少し待ってもらえませんか」と。

貸した人が、それは最初の約束と違うと責めれば、彼らは、こう言うのである、「ただいっときの苦しまぎれに、そう書いただけです。当時から、すでに、そのとおりにできるとは思っていませんでした」と。

彼らは、常にこういった弁疏《べんそ》（言い訳）をするのであるが、いっこうに恥じる様子はない。しかし、不思議なことに、彼らは、借りた金を借りていないとは言わないのだ。実に、単純な人種だといえるのではないだろうか。

証文に期日を約するのは仮相《かりそめ》のもので、期日さえ延《の》びれば、貸借関係も引き継がれると考える。これこそ、韓人《かんじん》の真面目《しんめんぼく》。

兵丁《へいてい》

潑皮無頼《はっぴぶらい》(悪者と無法者)の徒《と》を集め、賃金を給付し、黒色の木綿《もめん》の服を着せて、これを兵丁《へいてい》と称する。彼ら無頼の徒は、賃金を受けとるために兵丁となる。

兵丁は、元来、身分の上下を問わず、すべての韓人《かんじん》が卑《いや》しむ対象である。けっして、干《かん》城《じょう》(国家の楯《たて》となり、城となる)の気概《きがい》で、国家守護の 志《こころざし》 を持つものではない。

黒色の木綿服を着て、鉄砲を肩にすれば、賃金を得られるから、ただ兵丁になったのである。もし、実際に戦争が起こったときには、すぐに鉄砲を棄《す》てて常服《じょうふく》に着がえさえすれば、敵兵に攻撃されるおそれもないとは、兵士たちが、常に公言するところである。

そんなことであるから、彼らは、日常、酒食《しゅしょく》と賭博《とばく》にふけって、資金に窮《きゅう》すれば、預《あず》かった鉄砲を典物《てんぶつ》(質草《しちぐさ》)にしてしまうことくらいは、なんら疑問がないのである。

だからといって、政府がその賃金を与えないということになれば、彼らは徒党をなして、富裕者を脅《おど》し、財産のある家から掠奪《りゃくだつ》する。

京城《けいじょう》(ソウル)の冬場に盗賊が多いのは、政府が、冬期の賃金を兵士たちに支払わないことも、ひとつの原因だろう。昨冬は、京城内に戒厳令《かいげんれい》がしかれ、夜行《やこう》が禁じられた。盗賊が多いから、夜行するなというのだが、兵丁にきちんと賃金を支払っていれば、こんな発令をする必要はない。ああ、朝鮮の時事が、よくわかるというものだ。兵士の鉄砲、たちまち酒代と化す。韓兵《かんぺい》を引きつけようとすれば、酒をふるまえばよいということか。

俚謡《りよう》

かの国の俚謡《りよう》（民謡）に、このようなものがある。

恋人の去る後《うしろすがた》姿をじっと眺《なが》め、纏綿《てんめん》（からみつく）の情を抑《おさ》えることができない。とはいっても、大声で呼べば、それを聞いた人にからかわれる。手をあげて招こうとするが、人間というものは不自由にできており、後頭に目がないことの悲しさ。

そんな、恋人に届かない思いをどうしたものかという意を、おもしろく謡《うた》った一節がある。古雅《こが》（古風で優雅）で、まことに愛すべきものである。韓人《かんじん》もまた、情趣《じょうしゅ》を解する人というべきだろう。席上で、友人がその意味を訳したものが、二つほどある。

その一

声たてよばよそめのはずかしや、甲斐なきことと知りつつも、
手をもてまねくうしろ影

その二

声をあげなばわらわれん、手もてまねげど甲斐ぞなき、
アレもどかしや何とせん、しらずにゆくかううしろかげ

門閭《もんりょ》に旌《せい》する

孝子《こうし》（親孝行）、忠臣《ちゅうしん》、烈婦《れっぷ》（節操を守る女）を、門閭《もんりょ》（村の入り口にある門）に旌《せい》する（表示する）場合、幅一尺五、六寸（約四十五〜五十センチ）、長さ四、五尺（約一メートル二十センチ〜一

メートル五十センチ）ほどの朱塗《しゅぬ》りの額《がく》に、「孝子 某《なにがし》之《の》図《ず》 ※光緒某年旌《こうちょぼうねんせいす》」と横書きしたものを掲《かか》げる。そして、これを村人たちの亀鑑《きかん》（手本）とするのである。

※ 光緒某年……朝鮮は清国の属国であったので、その暦を用いていた。

飴売《あめうり》と下駄直《げたなお》し

わが国の熊本《くまもと》に※朝鮮飴《ちょうせんあめ》というものがある。しかし、当の朝鮮には、熊本にあるような飴はなく、かえって、わが国で一般的に見るような飴と同じである。

わが国の飴売《あめうり》は、いわゆる唐人喇叭《とうじんらっぱ》を吹いて売るのが常であるが、かの国の飴売は、箱に飴を入れ、紐《ひも》で前に釣りさげ、大鋏《おおばさみ》を手にしてカチリカチリと響かせつつ、「飴や、飴や」と、呼び歩くのである。

また、京城《けいじょう》（ソウル）内に、下駄直《げたなお》しを業とするものがある。そのさまは、石油箱のようなものに紐を付けて肩より下げ、竹の編笠《あみがさ》をかぶり、何ごとか、よくわからない言葉を

飴売の図。「ヨッチャン、ササササ」と呼び歩く
（手に持つ大鋏は、飴を切るためのものだろう）

雨下駄の図

口にして街を往来《いきき》する。「下駄直し、下駄直し」と、呼んでいるのであろう。さながら、わが国の「デイデイ（雪駄《せった》直し）」を彷彿《ほうふつ》とさせる。韓人《かんじん》が履《は》いている下駄は、およそ図のようなものである。

※　朝鮮飴……もち米を加え、餅に近い触感である。一説には、熊本城主だった加藤清正《かとうきよまさ》が朝鮮に侵攻したとき、兵糧《ひょうろう》として携行したため、朝鮮飴と名づけられたという。

一挙両得《いっきょりょうとく》

虎、豹《ひょう》、熊、鹿、鶴、鷺《さぎ》、米穀《べいこく》、人参《にんじん》、魚類、これらは、いずれも朝鮮の産物である。この中に、ひとつとして、天然の産物でないものはない。

わが国の人は、朝鮮のことを、わが国に古文化をもたらした国だと思っている。それなのに、こういった天然の産物以外に、工業産品を輸出できるような方策を授《さず》ける、俠気《きょうき》（男気）のある人物は、いないのだろうか。

かの国では、労働者の賃金は、たいへん低廉《ていれん》であるから、もしかすると、彼らを雇《やと》って生産に当たらせれば、結果として、彼らの利《り》になるし、私たちの益《えき》ともなるのではないか。まさに、一挙両得《いっきょりょうとく》である。

朝鮮の古器物《こきぶつ》

ある日本人が、韓廷《かんてい》の名望家《めいぼうか》（名士）である某氏《ぼうし》にたずねた。

「あなたがたの国は、国のはじめより、今にいたるまで四千年の歴史。すでに三韓《さんかん》の代（三国の時代）には、文明の興《おこ》る気運も盛《さか》んで、美術工芸などは、燦然《さんぜん》として見るべきものが多かったと思います。私どもの国は、その上代《じょうだい》文化の源《みなもと》のほとんどを、あなたがたからいただいたのです。その当時の古器《こき》や工芸品は、今なお多く現存しているのではないでしょうか。よろしければ、それらを思うままに鑑賞する機会があればいいのですが」。

某氏は、苦笑すると、それに答えた。

「私が聞いたところによりますと、あなたがたの国の首都には、博物館というものがあるそうですね。古今東西の珍物《ちんぶつ》や奇器《きき》が、ひとつとして網羅蒐集《もうらしゆうしゆう》されていないものはないとか。ぜひ、そちらを訪ねてみられては、いかがですか。私どもの国の古器や遺物のひとつもあるのではないでしょうか」。

たしかに、文禄征韓《ぶんろくせいかん》の役《えき》、わが軍（豊臣秀吉の送った軍）が、八道《はちどう》（朝鮮全土）を蹂躙《じゆうりん》し、珍異《ちんい》の物はことごとく掠奪《りやくだつ》していったという。某氏の言は、そのことを恨《うら》んでのものである。

葬礼《そうれい》

葬礼《そうれい》は、すべて儒教《じゆきよう》の方式にそって行なわれるため、僧侶が厳《いか》めしく死者に引導《いんどう》を渡すようなこともないし、葬式に参列することもない。

棺槨《かんかく》（ひつぎ）の制度は、儒礼《じゆれい》に基づいている。親戚や知人がこれをかつぎ、棺《ひつぎ》のうしろを、麁服《そふく》（質素な衣服）に身を包んだ喪主《もしゆ》が随《したが》って、棺の前後を、三、四の灯籠《とうろう》で囲み、「アイコー、アイコー」と、むせび泣く声をあげ、はかない野辺《のべ》送りをする。

幼い子どもが疱瘡《ほうそう》で死んだ場合は、その屍《しかばね》を埋《う》めることもなく、俵《たわら》に盛《も》って、縄で縦《たて》横《よこ》に縛《しば》り、これを野外の木の枝にかける。

そのため、三伏《さんぷく》（盛夏）の炎天《えんてん》ともなれば、屍は腐乱《ふらん》して、その臭液《しゅうえき》が地上にしたたり、日中は烏《からす》や鵲《かささぎ》がさわぎ、夕暮れには鵄《とび》や梟《ふくろう》が叫ぶのである。死者の霊は、寂《せき》として知るよしもないであろうけど、はなはだ無情《むじょう》といわねばならない。

私はかつて、慶尚道《けいしょうどう》の※密陽《みつよう》の市外の栗林《くりばやし》で、三個の屍を吊《つ》るしてあるのを見たことがある。

黄海《こうかい》・※平安《へいあん》の両道では、屍をすぐに土中に埋葬するという。

しかし、※三南《さんなん》や※京畿道《けいきどう》においては、屍を山麓や野外にかついでいき、あえてすぐに埋葬せず、丸木で造った十字架を二、三個並べ、その上に棺を横たえる。そして、藁《わら》でこれを覆《おお》い、周囲を葦《あし》で包み、雨露《うろ》にさらし、その肉が腐食し、白骨のみとなるのを待ってから、方位を選んで改葬《かいそう》するのである。

そういえば、内地《ないち》（内陸）の村はずれ、山麓や野外で、数個の屍が並んで雨露にさらされているのを見なかったことはなかった。これこそ、奇俗《きぞく》というものだろう。

樹上よりブラリと下がっているものを手提げの革袋と見るのは、誤解である。また、樹下の家屋のようなものは、屍を納れておくための小屋で、幅三尺、高さ五尺あまり。肉が融けて白骨となるのを待つのである。便所と見誤るなかれ

火葬は、僧侶が死んだときにかぎって、行なわれる。一※般庶民は、火葬をたいそう嫌っている。

その火葬の方法は、まず、寺域の外の野辺に火葬場を定め、寺からここにいたるまでの、ところどころに火を焚《た》いて道路を照らす。棺が、そのあいだを通過し、定められた場所まで来ると、積柴《つみしば》の中に包まれ、焼き尽《つ》くされるのである。さらに、その焼け残った骨片を集め、砕《くだ》いて細粉《さいふん》にして、これを米飯の中に混ぜて、鳥についばませる。

※紅苗《こうみょう》の習俗では、人を殺せば、必ず面《つら》の皮を剝《は》いで、これを保管し、その数の多さで自慢するのだと聞いたことがある。

ところ変われば、品《しな》変わる。世間は、さまざまであろう。そして今、韓人が屍をとりあつかうさまを見るにつけ、じつに太古《たいこ》の感を覚えずにはいられない。

灰骨《かいこつ》を鳥についばませるのは、方便《ほうべん》をよくすれば、たいへん仏意にかなっている。しかし、木の枝に吊るして腐らせるのは、やはり無情というべきか。

※　密陽……ミリャン。釜山（プサン）から大邱（テグ）へ抜ける、ちょうど中間にある。

※　平安道……八道の一。半島の北西部。今の北朝鮮に属し、平壌《へいじょう》（ピョンヤン）を中心とする地域。
※　三南……八道のうち南部の三道。忠清道、慶尚道、全羅道。
※　京畿道……八道の一。ソウルを中心とする地域。当時は、北朝鮮の南端も含まれた。
※　一般庶民は、火葬をたいそう嫌っている……仏教に対する忌避《きひ》からだろう。
※　紅苗……中国湖南《こなん》省西部に住むモン族。

腹痛《ふくつう》の薬

かの国の人は、わが国と通商する以前は、砂糖を知らなかった。

今なお、内地《ないち》の人は、これを知らないという人がいる。そのため、少しでもこれを与えれば、あえてすぐには食べず、保管して、腹痛の薬にする人がいるほどだ。とんだ笑い話だが、腹痛の妙薬が、胃袋を害する※ものというのも、なかなか妙である。

※　胃袋を害する……砂糖に含まれるショ糖は、消化の大きな負担になる。

婦人の嗜好《しこう》

かの国の中流以上の婦女は、他人に顔を見られるのを恥ずかしく思う風習のため、衣服や装飾品などをそろえるにも、すべて使用人に買ってこさせるのを常としている。ところが、婦女には、婦女それぞれの嗜好《しこう》（趣味、このみ）があるはずだ。使用人の嗜好が、どうして、その婦女の嗜好を充《み》たすことができようか。しかも、買物の一切は、男子任せなのである。かの国の婦女は、男子の忖度《そんたく》（相手の意を推しはかること）で、その嗜好を充たさなくてはならない。習俗とはいえ、いかにも不自由千万《ふじゆうせんばん》ではないか。

というわけで、わが国より輸出する物品も、婦女用のものは、たいへん少ない。今、もし、かの国の婦女が、その嗜好の欲を充たすような方法を見出したなら、輸出額は必ず、少なからぬ増加をきたすであろう。方法は、それ以外にない。

そこで、日本の商家の婦女が、進んで韓語《かんご》を学び、かの国の婦女と交際して、販路を拡張するのである。これは、けっして、不可能なことではないだろう。かの国の婦女には、わが国の婦女と交際（交流）したいと求めている人が、たいへん多いのである。たとえ、一面識もない家の内室《ないしつ》（上流階級の夫人）であっても、婦女であれば、どこの国の人でも、自由に出入りすることができる。

この方策は、ただ商業上のものだけでなく、かの国の婦人を開明《かいめい》（文明化）させるためにも、上々の方策であると思う。

敗俗《はいぞく》

かの国で、敗俗《はいぞく》（害となる風俗）の最たるものが、早婚《そうこん》であろう。十二、三歳の児童で、すでに妻を娶《めと》っているものがある。そして、その妻は、自身より年長者を選ぶのが、常である。十二、三歳のものが、二十歳前後の女と結婚するなど、かの国では、けっして珍しいことではない。これも、奇俗といえよう。

※稚陰稚陽《ちいんちよう》、ついに何ごとをなすというのだろうか。かの国の人口が年々減少するのも、また、こういったところに原因がある。

※　稚陰稚陽……児童の肉体と機能は、いまだ成長途上であるから、当然ながら生殖にも向かない。

題柱《だいちゅう》

かの国の習俗では、その家の門や柱には、必ず、

「堯乾坤。舜日月。」「箕子故園。大明乾坤。」

「門迎春夏秋冬福。戸納東西南北財。」

「近水楼台先得月。向陽花木最成春。」

「借問酒家何処在。牧童遥指杏花村。」

などの詩句を書いているものだ。

字房《じぼう》

わが国では「何々屋《なになにや》」というのを、かの国では「何々房《ぼう》」という。笠房《りつぼう》、銀房《ぎんぼう》、眼鏡《がんきよう》

房《ぼう》といった類《たぐい》、いずれもそれである。

また、学校のことを字房《じぼう》と称している。文字を発売《はつばい》するという意味だろうか。

わが国の下宿屋は、近ごろ、必ず「何々館《かん》」と呼称している。それで、書庫もまた図書館というのだ。思うに、書籍を宿泊させるという意味だろうか。

年長者に対する礼式《れいしき》

かの国のように、種族・階級の折り目がきちんとした国にあっては、言語でも、おのずと階級が存在するのは、争うことのできない事実であろう。たとえば、「来い」という言葉にも、

イロラ……………小児、あるいは下賤《げせん》のものに対して、

イリ、オナラ………小児、あるいは目下《めした》のものに対して、

イリ、オショ………同輩のものに対して、

イリ、シプショ……高貴《こうき》な人に対して、

というように、さまざまな用法があるのである。

たとえ、三十歳になっても、笠《かさ》を戴《いただ》いていないものは、他の十二、三歳で笠を戴いているものより地位が低く、僮《どう》（しもべ）と呼ばれて、傲慢不遜《ごうまんふそん》の待遇を受け、僮は、笠を戴いているものの前では、常に喫煙することができない。

また、笠を戴いていても、高貴な人の前では、喫煙することができない。そして、高貴な人の前では、必ず笠を戴かねばならず、座るように命じられないかぎり、話すときも立ったままでなくてはならない。

さらに、両班《りょうはん》（ヤンバン）が歩いているのと出会ったときは、その名を知らないような場合でも、口をつけようとしていた煙管《きせる》をうしろに隠して、彼が通り過ぎるのを待たなくてはならない。

そういうわけで、外国人の旅人でも、一目で、それが両班であるか、常漢《じょうがん》（一般の人）であるかを見分けられるようになる。

韓人《かんじん》は、みずからを称して礼義の国であるという。しかし、これは虚礼《きょれい》（うわべの礼）であって、実礼《じつれい》（本質的な礼）に乏《とぼ》しいのは、いかがなものであろうか。

穢多《えた》

（注：差別的な内容を含む記述であるが、当時の一般的な考え方を知る資料として掲載した）

獣《けもの》を屠《ほふ》って、その皮をとりあつかうものは、※人間外の人間として、一般庶民より度外視《どがいし》（無視）され、同等の交際をすることができない。あたかも、これは、※わが国の封建時代にあった、※穢多《えた》のことである。

※ 人間外の人間……朝鮮では、穢多ではなく白丁《ペクチョン》と呼ばれた。

※ わが国の封建時代……徳川政権による江戸時代以前。

※ 穢多……著者は、これを、すでに消滅した封建時代旧弊《きゅうへい》のように誤解している。おそらく、朝鮮とは異なり、近代国家たる日本が、一八七一年（明治四）に賤称廃止令《せんしょうはいしれい》を布告したことを誇りとしているのだろう。ただし、その日本で、一九二二年（大正十一）に全国水平社《ぜんこくすいへいしゃ》が結成され、現代になってもなお、結婚や就職にともなう差別が続いている事実を、著者は知るよしもない。

疾病者《しっぺいしゃ》

夏、野外を逍遥《しょうよう》（散歩）すれば、ところどころに蓆《むしろ》を布《し》いて、建物のまわりに壁をつくっている。そんななか、半間《けん》（一メートル弱）四方の小屋に藁《わら》を布いて、痩《や》せ衰えた人が、さも苦しそうに臥《ふ》しているのを見た。

これは、※乞丐《こつかい》（※原文ママ）ではない。疫病《えきびょう》に悩む人である。

かの国では、疫を死の病と見なし、癒《い》えた人がいれば、僥倖《ぎょうこう》（思いがけない幸運）としていた。そのため、この病にかかるものがあれば、家族に伝染するのを心配して、野外の小屋へ移し、置きざりにするのである。もちろん、薬や食べものを与えることもないから、たいがいは、捨て殺しと知るべきであろう。ああ、無情、無情。

屍《しかばね》を野外に晒《さら》す習俗も、まさにこういったことなのだろう。

※　乞丐……かたい。かつての日本では、多くの場合、ハンセン病患者か、あるいはそれを騙《かた》った人たちで、ものもらいを前提としていた。一方の朝鮮では、ものを与えられず放置されていたので、

(小屋とはいっても、ほとんどテントのような粗末さである)

「乞丐ではない」ということなのだろう。

狗《いぬ》

かの国の人は、狗肉《くにく》（犬の肉）を喰《くら》うことを好む。各家が、狗《いぬ》を飼っているのは、必ずしも、戸を守り、盗みを警戒するためではない。多くは、その肉を喰うためである。

狗一頭の売値は、わが国の通貨で三、四十銭である。そのため、珍客や吉事《きちじ》でもないかぎり、みだりに処理することはない。あたかも、わが国の鶏や豚のようだ。

※桀狗《けっく》、尭《ぎょう》に吠《ほ》ゆる――狗が吠えることが、どうして、狗の罪といえるだろうか。その性質から、吠えているにすぎない。かの国の狗は、洋服であれ、和服であれ、仮にも韓服《かんふく》と異なるものを見たときは、必ず吠える。私も、内地《ないち》で、その難に逢ったことは、幾度ともしれない。

一匹の犬が、実《じつ》を吠えて、一万匹の犬が、虚《きょ》を伝え、狺々《きんきん》（ワンワン）と吠える声は、耳が聞こえないのではないかと疑うほどだ。これまた、※蜀犬《しょくけん》、月に吠ゆる――の類《たぐい》か。

かの国の狗は、人糞《じんぷん》を食べて、生命をつないでいる。その不潔は、表現のしようがない。乳児が室内で糞を漏《も》らせば、すぐに狗を呼んで、これを舐《ねぶ》らせるのである。また、あえて洗うこともしない。かの国の人の不潔を想像していただきたい。

韓人《かんじん》は、犬を呼ぶのに「ワアリワアリ」という。

ただ、狗だけではない。洋服や和服を着た人を見れば、牛や馬も驚く。いずれにせよ、狗子《くし》（犬ころ）を衛生局長※とする、これは妙案だ。

※　桀狗、堯に吠ゆる……悪名高い桀王《けつおう》の飼い犬が、聖人君子である堯に吠える。犬は、飼い主に対しては、それが暴君であっても吠えないが、飼い主でなければ、相手が聖人君子であっても吠えることから、「忠とは何か」の真意をあらわしたもの。

※　蜀犬、月に吠ゆる……「蜀犬、日に吠ゆる」のことか。蜀の国は山が高く、また霧が深いので、太陽があまり出ない。たまに太陽が見えると、犬が吠えるという。視野や見識の狭い人が、一般的に正しいとされていることにも、むやみに楯突《たてつ》くたとえ。

※　衛生局長……人糞の処理をすることを皮肉ったものか。

朝鮮の婦女《ふじょ》

朝鮮の気習《きしゅう》（身にしみついた習性）が、儒教《じゅきょう》に感化《かんか》されて形づくられたことは、事実である。仁義《じんぎ》の大道《たいどう》はもちろん、冠婚葬祭の大礼《たいれい》をはじめ、坐作進退《ざさしんたい》の些末《さまつ》（日常の立ち居ふるまいの細かいところ）にいたるまで、ひとつとして、儒教に模範を採《と》らないものはない。

そうであれば、廉恥《れんち》（恥を知る心）や礼儀が、まったく失われた今日にあって、その虚式《きょしき》や偽形《ぎけい》とはいえ、※五倫五常《ごりんごじょう》と似《に》て非《ひ》なるものが目につかないわけではない。

しかし、いったん目を転じて、その内側を発《あば》いてみると、※義理滅裂《ぎりめつれつ》、ほとんど言うに忍びないようなものである。

たとえば、男女の別がある。孔孟《こうもう》の違教《いきょう》（孔子や孟子が残した教え）を遵守《じゅんしゅ》するといって、中流以上の婦女は外出するとき、必ず、頭から覆《おお》う衣服を身につけるか、あるいは、輿《こし》に乗り、仮にも自身の面貌《めんぼう》を他人に見せてはいけない。

また、家屋の構造も、外室《がいしつ》と内室《ないしつ》が区別されており、男子は常に外室にいて、女子は常に内室を守り、けっして内門を出ることはない。用事がなければ、兄弟といっても、みだりに内室に出入りすることはできないのである。そのため、どれほど親しい友の間柄《あいだがら》であっても、たがいにその妻を紹介することもない。

区画《くかく》（内室と外室の区別）を明確にし、いかにも規則的に孔孟主義の鋳型《いがた》をつくり、その中へがっちりと、はめこんでいる。※孔孟も、さぞかし墓の下で感服《かんぷく》しておられるものと想像させられる。

しかし、道徳腐敗の極《きわ》みは、こういった厳重な区画など、ただ外形のみをとりつくろう虚飾にすぎないものとし、和姦《わかん》（合意のある性交）や強姦の悪風がおおいに流行していることに、私はいつも驚かされるのだ。

厳重な区画があるのに、どうやって男女がなれあい、おたがい通じることができるのかを聞いたことがある。まず、奸夫《かんぷ》（人の妻のもとに忍びこむ男）は女装して女用の輿《こし》に乗り、目的となる婦女の内室に乗りこむ。このとき、戸外には、女用の履《は》きものを並べておくことで、外見を欺《あざむ》き、その内側では、人知れず鴛鴦《おしどり》のつがいのように戯《たわむ》れている。

もっとも、婦女どうしの訪問は、一般の習俗《しゅうぞく》に認められていることである。奸夫はその習俗と、女は他人に面貌を明かさないという習俗とを利用して、家人《かじん》に呼び止められ、名前や要件を問われるという、危険から免《まぬが》れることができるのだ。姦策《かんさく》もまた絶妙といえよう。これは、近ごろ、京城《けいじよう》（ソウル）の紳士間で行なわれる悪風であるという。

欲しいものがあれば、※南山《なんざん》を錮《ふさ》ぐとは言ったものだが、それでもなお、堅《かた》いというには足りない。道義の腐敗は、外形の区画の制度だけで防ぐことはできないのか。

かの国の児童たちが読誦《どくしよう》する※入徳文《にゆうとくぶん》というものを見ると、「勿漫窺内室、内室婦人座（みだりに内室をのぞくな、内室は婦人が座するところ）」とある。

遠くて近いもの、それは男女の仲である。いかにも、外形の区画の制度では、彼らの動物的な劣情を抑《おさ》えることはできないということだろうか。

※　五倫五常……五倫は、父子の親、君臣の義、夫婦の別、長幼の序、朋友の信。五常は、仁、義、礼、智、信。

※　義理滅裂……「義理」と「支離《しり》滅裂」をかけた言葉遊びか。

※　孔孟も、さぞかし墓の下で感服しておられる……痛烈な皮肉である。

※　南山を錮ぐ……南山は、中国を代表する名山のひとつ、盧山《ろざん》のこと。南山の深い山奥に財宝を隠したとしても、必ず、その場所を見つけ出し、奪ってしまう人がいるものだ。対象が魅力的であれば

あるほど、人は、さまざまな工夫をこらし、さまざまな名目をとりつくろってでも、それを得ようとするであろう。

※入徳文……児童が口ずさみながら、日常の礼や徳を身につけるためのものか。

娼妓《しょうぎ》

かの国の※娼妓《しょうぎ》は、すべて人の妻妾《さいしょう》（妻と愛人）である。人の妻妾でなければ、娼妓になることはできない。というわけで、その夫の生活の資金は、娼妓である妻がかせぐ。夫は、みずから妻の客を引き、また、みずから馬※となって、揚《あ》げ代《だい》の請求に来る。これは、かの国の社会の通常である。夫は、まさに娼妓の夫であり、いわば、妓夫《ぎゆう》（客引き）の観がある。破廉恥《はれんち》、ここに極まれりというべきだろう。

妻は、その股間にある無尽蔵《むじんぞう》の田を耕《たがや》して、夫を養う。これも、夫への忠というものだろうか。大笑い。

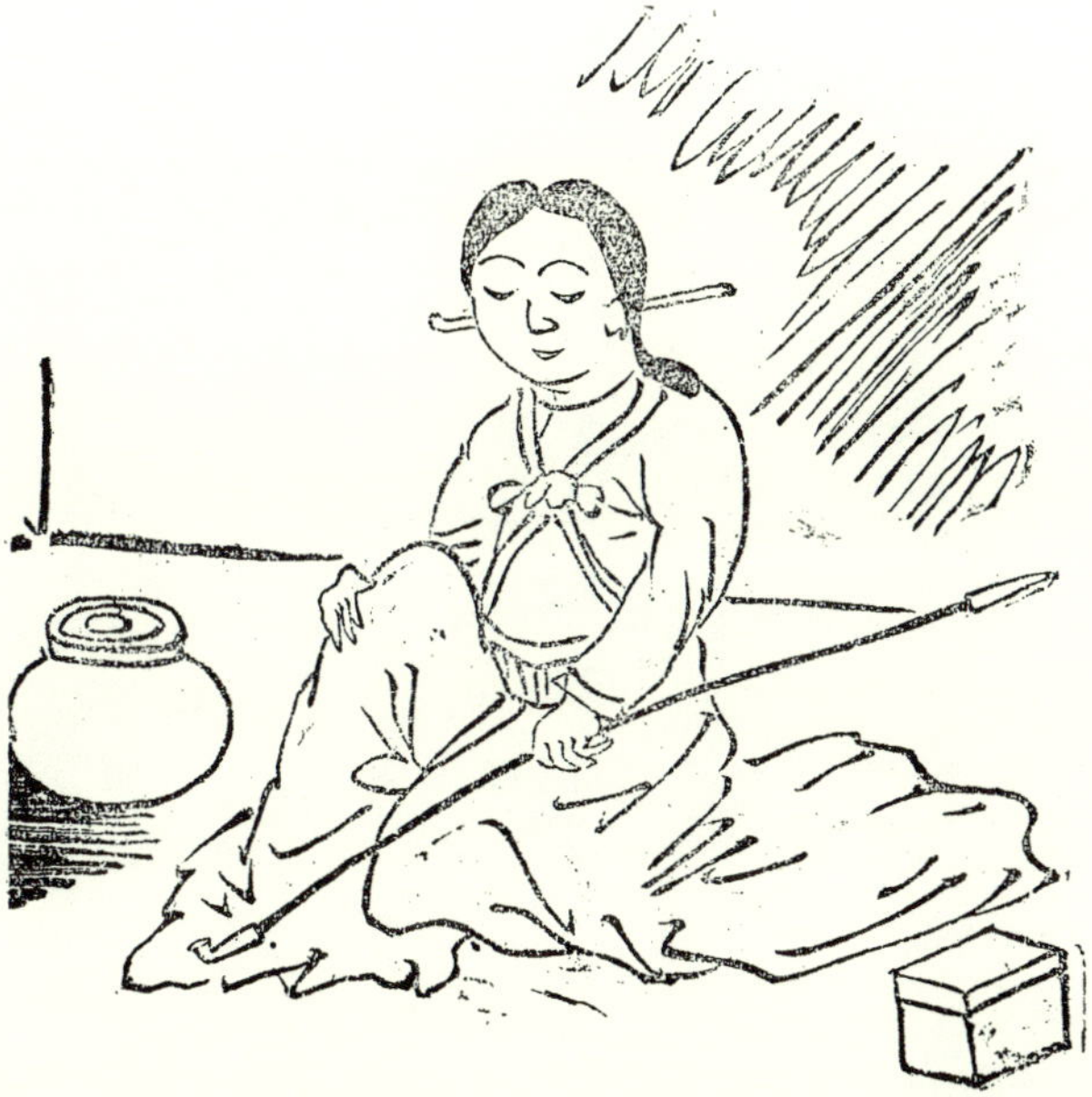

娼妓の右手にある瓶形のものを、菓子入れなどと高尚に見てはいけない。これは、溺器なのである。左手の箱は、石造の煙草入れである

※ 娼妓……宴席で芸を披露しながら、むしろ売春を主体とするもの。芸が主体の妓生《きしょう》（キーセン）とは異なる。
※ 馬……客の家までついていき、未払いや不足の代金を回収する人。付き馬。

娼屋《しょうおく》

かの国の娼屋《しょうおく》（売春宿）は、日本のそれとは趣《おもむ》きが大きく異なり、一般的には、わが家に客を入れて、夫が妻妾《さいしょう》に売春させるというものである。

そのため、一軒の娼屋に二人の娼妓《しょうぎ》がいることはない。わが国のように、客に向かって酒肴《しゅこう》を供《きょう》することはないばかりか、渋茶《しぶちゃ》の一杯も出さない。わずかに、一、二喫《ふく》の煙草《たばこ》を勧めるだけである。

そっくりそのまま、密売春窩《みつばいしゅんか》（無許可の売春小屋）の光景である。もっぱら、獣欲《じゅうよく》をあらわにするだけの妖窟《ようくつ》ともいえよう。

娼妓の年齢は、わが国のそれと大差はないものの、猥褻《わいせつ》で、汚《けが》らわしい言葉を、少しも恥じる様子もなく見せるところなど、わが国の娼妓が遠く及ぶところではない。

その装飾や容貌が、上品で典雅《てんが》なのは、まったく※国色《こくしょく》とばかりに称賛できないわけではないが、梅毒《ばいどく》が心配な人は、けっしてその門を叩《たた》いてはならない。ひとたび、その門に入ったものは、※落花陥凹《らっかかんおう》は疑いなく、というのは、朝鮮の娼妓ほど、梅毒持ちが多いものは、他にないからである。

娼妓の揚げ代は、一回、当五銭《とうごせん》（朝鮮の流通通貨）で一貫文《かんもん》（日本の三十銭）、一夜、当五銭で三貫文（ほとんど一円）。

一喫《いっぷく》の煙草。煙にまかれて、たちまち※巫峡《ふきょう》の夢の中に逍遥《しょうよう》する。なんというお手軽主義か。

※　国色……その国でいちばんの美貌。

※　落花陥凹……梅毒の症状か。梅毒が進行すると、花びらのような発疹《ほっしん》が出て、指の肉が落ち、鼻が落ちるともいう。この症状をあらわしたものか。あるいは、「落花」は「落下」のことか。

※　巫峡……中国の名勝、長江《ちょうこう》三峡のひとつ。

妻を客人《きやくじん》に勧《すす》める

朝鮮の内地《ないち》では、金さえ出せば、どこの家の亭主も、その妻妾《さいしよう》を客人《きやくじん》の枕席《ちんせき》に侍《はべ》らせる（共寝をさせる）。これは、亭主との和談《わだん》の上のことである。一カ月で十円前後を支払うという。わが国の商人で、内地《ないち》に長期滞在するものにも、この悪習にならうものがある。

妻を客人《きやくじん》に勧《すす》める。※弥子《びし》、桃を割《さ》く――の類《たぐい》か。

※　弥子、桃を割く……見方によって、同じことがまったく異なる意味に感じられることのたとえ。弥子は、その美男子ゆえ、霊公《れいこう》の寵愛《ちようあい》を受けていた。ある日、自分が食べていた桃の半分を割って霊公にさしあげたところ、霊公は、その心優しさを激賞した。時が経って、弥子の容貌がすっかり衰えると、霊公は、かつて桃の食べ残しを主君によこしたと責め、お払い箱にしてしまった。

両班《りようはん》と常漢《じようかん》

わが国に華士族平民《かしぞくへいみん》の区別があるように、かの国にも、両班《りようはん》（ヤンバン）と常漢《じようかん》（サンノム）との区別がある。しかし、それら万民が、同一の権利を有しているか、それとも有していないかの違いが、日本と朝鮮との文野《ぶんや》（文明国と野蛮国）の違いを知ることのできる、十分な例となろう。

両班とは、文と武――両方の班という意味で、文官、あるいは武官となる特権を有した階層を指す名詞。いっぽうの常漢は、読んで字のごとくの意味の階層をいう。

常漢は、どんなに才学があったとしても、文武の高等官になることはできない。もっとも、近ごろは、賄賂《わいろ》の多少によって※県監《けんかん》に任じられたものもある。両班は、※科挙《かきよ》にさえ合格すれば、どんな役職でも買うことができる。これが、かの国の制度である。

ということで、両班らが、ほとんど先天的にこうした特権を与えられているにもかかわらず、無知蒙味《むちもうまい》のものが多いのは、まったく驚くべき点である。

彼らが地方官に任じられるのだが、そういった任所《にんしよ》にある人を訪ねて筆談を試みたときのことである。頭が古く、偏見のある、彼ら韓官《かんかん》から、まともな意見を聞くことがないのは、とくに意外というわけではない、しかし、まったく漢文を書ける人がおらず、その無文（無教養）ぶりには、驚くしかなかった。

しかし、主簿《しゅぼ》（庶務責任者）や吏房《りぼう》（下級の地方公務員）など、現場の役人のほうに、むしろ漢文の得意な人が多い。

かの国に科挙の制度がありながら、その挙人《※きょじん》に、このような無教養なものが多いのは、そもそも原因がないわけではない。つまり、科挙の試験場は、公然《こうぜん》の賄賂《わいろ》徴収所でもあって、その試験官は、公然の賄賂徴収人なのである。科挙を受験する人は、才があっても財がなければ、及第《きゅうだい》（合格）することができない。

また、たとえ及第したとしても、やはり賄賂を渡さなければ、官に任じられないから、賄賂は、及第者となるための一大資格といえる。苦学して研鑽《けんさん》を重ね、才学に見るべきものがあっても、科場《かじょう》（科挙の試験場）では、少しの足しにもならないのである。

財があるものは、ただ、その財をあてにし、財のないものは、あきらめて自暴自棄《じぼうじき》になる。そうやって、ついに誰も学ぶことをしなくなるから、学田《※がくでん》は日に荒れはて、政事は月に弛廃《しはい》（ゆるみ、すたれる）するのだ。そういう状況を気にしないことも、よりひどいものである。

論より証拠、わが国にやってくる韓客《かんきやく》が、漢文を知らないことからも推察できるだろう。

では、ここで疑問に思うことは、常漢といわれる人たちが、その天賦《てんぷ》の才能を発揮して、自由の大権《たいけん》をおおいに奮《ふる》い、他人がつくった階級制度を破壊し、進んで現在の故国《ここく》の衰運《すいうん》を挽回《ばんかい》する勇気を持たないのは、なぜなのか。

必要以上に、両班の指嗾《しそう》（そそのかし）の前に屈して、額に汗し、手足を労したあげく、得たものも、むなしく両班の足もとに献じている。

官家《かんか》（官僚を出す両班の家）とは争うな、官家は私たちを誘拐するなどと、子供たちにまで教えるようになったことを見ても、常漢が無気力なのは、あらためて述べるまでもない。

「莫争於官家、捉我去（官僚の家の子と勉強を争うな。彼らより出来がよいと、官家の手の者に誘拐されてしまうから）」。これが、入徳文《にゅうとくぶん》の句（幼少時から教わるもの）である。

※ 県監……最も下位の地方官。このひとつ上が県令《けんれい》。
※ 科挙……官吏登用試験。
※ 挙人……中央での本試を受ける資格を有した、各地からの選抜エリート。ここでは、科挙合格者のことだろう。
※ 学田……学校の経営を維持するために設けられた田畑。ここでは、学問それじたいをあらわす。

妓《げいしや》

かの国の※妓《げいしや》は、その多くが夫を有していない。

そのうち、官妓《かんぎ》というものは、いわば、官人《かんじん》（役人）の奴隷《どれい》であり、官衙《かんが》（役所）や私宅《したく》に出入りして、酒間《しゆかん》の興《きよう》を助け、売春するものである。

また、官妓ではなく、その芸を売って生活する妓女《ぎじよ》がある。これらもまた、わが国のものと、おおいに趣《おもむ》きが異なる。

妓を呼ぼうとする遊客《ゆうかく》は、みずから妓家《ぎか》へ出向き、歌舞《かぶ》をさせ、興《きよう》を買って帰る。また、私宅に招いて楽しむものもある。

彼女たちが唄うのは、俚謡《りよう》（民謡）、あるいは唐詩《とうし》である。抑揚《よくよう》と曲折《きよくせつ》のある節は、あたかも、わが国の謡曲《ようきよく》のようで、その古雅《こが》は、おおいに味わうに足るものである。

用いられる楽器は、簫《しよう》、横笛《おうてき》、縦笛《じゆうてき》、琴《※きん》、太鼓《たいこ》、鼓《つづみ》などである。琴は、円形の桐《きり》の材に、十三絃《げん》の細い真鍮《しんちゆう》の針金を張り、竹を薄く削り、きわめて弾力あるようにつくったもので弾《ひ》く。大きさは、幅が一尺、直径が六寸ほどである。妓たちが演奏するさまは、あの土佐《とさ》派の画工《えかき》が彩色する宮中奏楽《きゆうちゆうそうがく》の図に似ている。

というわけで、（日本の座敷のように）三味線にあわせて、都々逸《※どどいつ》、三下《※さんさが》りなどを唄い、主客ともに我《われ》を忘れて、浮かれ立つようなことはない。

また、舞も、わが国の妓が踊るようなものではなく、あたかも、太々神楽《だいだいかぐら》の幣束舞《へいそくまい》のようなものであるから、能舞《のうまい》を見ているかのような感がある。剣舞《けんぶ》するものもあるが、これも、上野《うえの》の東照宮《とうしようぐう》の巫女《みこ》に、幣束の代わりに剣を与えて舞わせたようなもので、風情にとぼしいものである。

もっとも、藤八《※とうはち》、甚九《※じんく》、都々逸、かっぽれ※などに優《まさ》るものは、多くある。

※妓……先にあった娼妓《しょうぎ》とは異なり、一般に、妓生《ぎしょう》（キーセン）と呼ばれるもの。
※琴……臥箜篌《ふせくご》（ワゴンフ）のことか。日本で見る琴とは異なり、ハープを横に倒したような形状をした弦楽器。
※都々逸、三下り、藤八、甚九、かっぽれ……都々逸と甚九は、歌謡。三下りは、三味線の調弦《ちょうげん》（チューニング）から派生した歌曲。藤八は藤八拳《けん》で、じゃんけんのような座敷芸。かっぽれは、踊りの一種。

男色《だんしょく》

八道《はちどう》（朝鮮全土）、いきおいよく、いたるところ、男色が流行しない場所はない。京城《けいじょう》（ソウル）にいたっては、良家《りょうか》の子供たちといっても、美しい服をつけて市街を横行し、公然と、その尻を売る。しかし、あっけらかんとして恥じる様子もない。

韓語《かんご》では、これを「ビョーク、チャンサ」と称する。つまり、男色商という意味である。とくに、股肉《ももにく》を指して、「ビョーク、サル」と呼ぶのは、あまりにもひどすぎるというべきだろう。「サル」とは、すなわち肉の意味である。

白布でつくられた
喪冠で、女子用

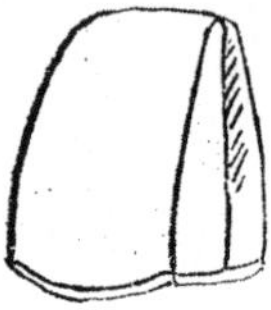

諸葛冠といい、
通常の人も戴く

両班が家の中で戴く

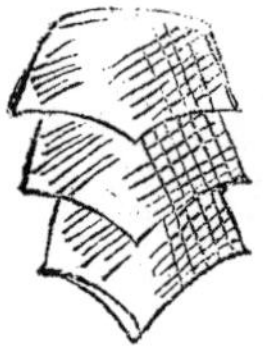

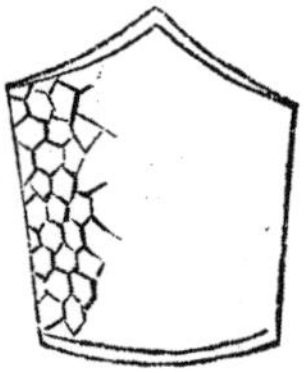

田舎の両班が家の中で
用いるもので、馬の毛
を亀甲形に編む

女子用の帽

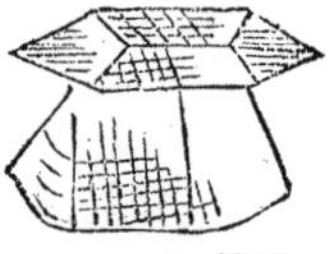

儒冠

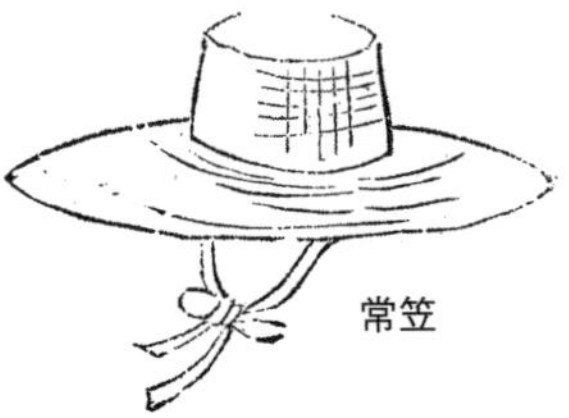

常笠

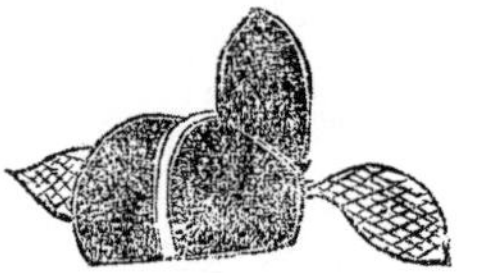

礼冠

先達都事や五営将などが、
これを家の中で戴く

冠《かんむり》の類《たぐい》

わが国の今の冠（帽子）は、どれも西洋から輸入したものであって、国冠《こっかん》といえるものはないが、かの国には、一定の冠がある。それは、階級と場合によって異なり、種類もさまざまで、図に掲《かか》げたとおりである。

通貨

朝鮮の通貨で、最も古いものは、朝鮮通宝《ちょうせんつうほう》とされる。この銭には、金・銀・銅の三種がある。その昔、※箕子《きし》が朝鮮に封《ほう》じられたとき、鋳造《ちゅうぞう》したものであるという。朝鮮の習俗として、※抛銭占《ほうせんせん》が好まれる。これに朝鮮通宝を用いれば、百発百中、ひとつもはずれがないという。そのため、挙朝《きょちょう》（朝廷の役人が残らず）、これを珍重する。

現在、朝鮮に通用する貨幣には、※葉銭《ようせん》と※当五銭《とうごせん》との二種類がある。ともに、孔方銭《こうほうせん》（穴あき硬貨）である。

以前は、葉銭五枚で当五銭一枚に交換したが、今はすべて葉銭の価値に統一されてしまった。つまり、当五銭一枚は、葉銭一枚に交換される。

当五銭の価値は、このように低下したといっても、京畿道《けいきどう》の近傍では、今なお、当五銭が本来の価値で通用していたときの慣用語を用いている。そのため、一文《もん》を五文といい、一両を五両と称する。依然として、古い套語《とうご》（決まり言葉）が存在することで、同額の銭であるのに、二とおりの勘定呼称《かんじようこしよう》が見られるのである。

というわけで、かの国の一両は、わが国のいわば百文であり、十両は一貫文《かんもん》となる。当五銭一貫文は、ほぼ、わが国の通貨一円五十銭に当たる。

当五銭の名があって、その価値がない。これは、近ごろ廃止された、わが国の当百文《とうひやくもん》銭《せん》の類《たぐい》であろう。

現在、かの国で通用する貨幣は、このようなものだが、銭の形の大小、善悪（品質のよしあし）は、一様ではない。当五銭一枚で、わが国の二銅貨（二銭銅貨のことか）以上の重量を有するものがある。

平安道《へいあんどう》で鋳造《ちゆうぞう》される悪銭のようなものは、たいへん粗悪《そあく》であって、かつて、わが国でつくられた※鐚銭《びたせん》に匹敵するものである。また、以前は当百銭《とうひゃくせん》といったものが出回っていたが、今はまったく通用していない。

※箕子……箕子朝鮮は、紀元前二世紀ごろまで、朝鮮半島北部にあったとされる伝説的国家。もちろん、実際の朝鮮通宝は、これほど古いものではない。

※抛銭占……何枚かの硬貨を投げて、その表裏の数などで占う。

※葉銭……常平通宝《じょうへいつうほう》。日本の寛永通宝《かんえいつうほう》などと同じく、円形で、方形の孔のある孔方銭。鋳造後、切り離す前の形が、枝につく葉のように見えることから、葉銭と呼ばれた。

※当五銭……これ一枚で、葉銭五枚に当たるということで、「当五」と表面に刻印されている。ただし、これは、国家による材料のごまかしだ。

※鐚銭……粗悪な私鋳銭《しちゅうせん》。室町時代からあったという。

諺文《おんもん》

諺文《おんもん》とは、すなわち、朝鮮文字（ハングル）のことをいう。その組織構造は、わが国の日文《ひふみ》※と似ており、その巧妙さは、はるかに、西洋のアルファベットを超えている。

韓人《かんじん》は、これほど巧妙な文字を有しているのである。それなのに、日常の往復文にいたるまで、何を苦労して、わざわざ屹崛《きっくつ》※（いかめしく難解）な漢文を用いるのか。このことは、私にとって、ほとんど理解できないところである。

この巧妙な文字も、ただ、わずかに中流以下の社会で、巧妙ぶりを発揮するのみである。

※ 日文……漢字の伝来以前の日本にあったとされる神代《じんだい》文字。

※ 屹崛なる漢文……本書中において、漢文の知識を披瀝《ひれき》している著者が、こう評価するのはおもしろい。

吏頭《りとう》

吏頭《りとう》とは、朝鮮の音《おん》を漢字であらわす方法である。すなわち、わが国の万葉仮名《まんようがな》のようなものだ。かの国の人は、今なお、この吏頭を用いて、便利な諺文《おんもん》を利用しないものが多い。はたして、これは、漢字を尊《たっと》ぶことの弊害《へいがい》か。それとも、はたして、事大根性《じだいこんじょう》の表《ひょう》相《そう》なのか。

作詩

朝鮮では、五七言絶句《ごしちごんぜつく》を絶《ぜつ》といい、五七言律《りつ》を律《りつ》といい、古詩を詩といい、とくに韻《いん》脚《きゃく》のない（韻を踏まない）古詩を、賦《ふ》、または古風《こふう》という。これは、かの国の一般的な習慣である。そのため、韓人《かんじん》に向かって、詩を作るようにいえば、彼らは、すぐに古詩のことと心得るのである。

鯉幟《こいのぼり》

男子の生まれた家で、端午《たんご》の佳節《かせつ》に、鯉幟《こいのぼり》を竿頭《さおがしら》にあげて祝うのは、わが国の風俗である。かの国にもまた、同様の風俗がある。ただ、かの国の鯉は、その色が、真紅《しんく》に過ぎて、ほとんど鯛《たい》のようである。思うに、「おめでたい」の意味か。

両班《りょうはん》

両班《りょうはん》（ヤンバン）が何もなく日を過ごすさまは、まったく閑々無事《かんかんぶじ》、日の出から日没にいたるまで、何もすることがなく、ただ煙管《きせる》をねぶって、一室で寝起きするのみである。

しかし、財産家の多くは、この両班の階級である。彼らが官《かん》となって、庶民一般に対し暴斂《ぼうれん》（苛斂誅求《かれんちゅうきゅう》）を尽《つ》くすことを、俗言では、「一人の代官を出せば、孫三代まで働かずに暮らせる」という。

そのなかでも、最も富を蓄《たくわ》えることができるのは、地方官になることである。それで、国の大臣の地位にあるものさえも、地方官に任じられるのを熱心に希望するのだという。

ああ、「※爾俸爾禄《じほうじろく》、民膏民脂《みんこうみんし》、下民易虐《かみんぎやくしやすく》、上天難欺《じょうてんあざむきがたし》」。彼らが、どうして、報《むく》いを受けないといえるだろうか。

※　爾俸爾禄、民膏民脂、下民易虐、上天難欺……江戸中期、二本松藩《にほんまつはん》（福島県）が藩士に向けた戒《いまし》めの言葉。「お前たちのいただく俸禄《ほうろく》は、民の汗と脂《あぶら》の結晶である。民は虐《しいた》げやすいかもしれないが、天を欺くことはできない」。この言葉は、今も現存する石碑に刻まれている。ちなみに、本書の著者の本間九介《ほんまきゅうすけ》（如囚居士）は、二本松の出身である。

常漢《じょうかん》

常漢《じょうかん》（サンノム）にも富裕者がないわけではないが、その多くは貧困であって、産業を営んでいるものは少ない。

彼らは、悠々自適《ゆうゆうじてき》、いたるところで、ただ、うろうろとしているのを見るのみである。彼らは、農民でもなく、商人でもなく、工人でもないようで、どうやって、日々の衣食の費用をかせいでいるのか、私の頭を悩ませる。思うところ、賭博《とばく》のかせぎは、衣食の足しとなっているようだ。これこそ、※糞土《ふんど》の墻《しょう》といえよう。

※　糞土の墻……すっかり崩れ去ってしまった土塀《どべい》（垣）のこと。『論語』にある「糞土の墻、杇《ぬ》るべからず」から。崩れ去った土塀は、いまさら塗りなおしても仕方がない。教養がなく、修練も怠《おこた》る人に対しては、もはや施《ほどこ》す手立てがないことのたとえ。

奴隷制度

わが国と一葦水《いちいのみず》（一衣帯水）を隔《へだ》てる隣国で、この時代に、奴隷制度が行なわれるといえば、誰もがこれは真実かと思うだろう。しかし、かの国の事情を深く探《さぐ》っていくと、じつに驚くべき、さまざまな新事実が発見され、ただ奴隷制度だけではないのである。

かの国では、中流以上の両班《りようはん》（ヤンバン）は、みな、下人《げにん》というものを養《やしな》いおいている。

これは、あたかも、わが国の封建時代に、身分の高い武士が養いおいた若党《わかとう》や下郎《げろう》といえるものだが、その実体は、わが国の若党や下郎のように、自由な生活を遂《と》げられるものではない。その主人にこき使われていても、恩義《おんぎ》から君臣の関係を結んだものではない。また、俸禄《ほうろく》を得るために、甘んじて奴隷となったわけでもない。

多くは、借金のため、やむをえず身をあずけたもの、つまり、威力に圧せられて身をあずけたのであって、いったん、このような下人となると、子々孫々、永久に主家《しゅか》（主人の家）の下働きをつとめ、犬や馬のように酷使《こくし》されなくてはならない。

彼ら奴隷は、このような悪習慣に一生のあいだ束縛《そくばく》され、主人の制肘《せいちゅう》（干渉し、自由を奪う）するところとなり、妻を娶《めと》るのも、子を嫁《とつ》がせるのも、自身の自由な意思に従うことはできない。

それればかりか、作止語黙《さくしごもく》（なす、やめる、話す、黙《だま》る）の細かいところにいたるまで、自由にはふるまえないのである。お腹がすいても、食を自由にとることはできないし、寒いからといって衣服を重ねることもできない。すべてのことは、主家《しゅか》の命《めい》に従わなくてならない。

いったん下人となったものは、その生まれながらの精神を主家に捧《ささ》げ、犬や馬の境遇におちいり、悲惨な目に涙をのんで、一生を終えるだけでなく、未来永劫《みらいえいごう》、何も知らない子々孫々をも、同じような、はかない運命に身を沈ませるのだ。

主家の待遇はひどく、とても耐えられるものでなければ、ひそかに脱走して流民《るみん》となるものが多い。しかし、不幸にして、捕《とら》えられ連れもどされたら、臣義《しんぎ》に背《そむ》く不忠《ふちゅう》の罪を受け、いっそう残酷な待遇を甘んじなければならないのである。

まことにこれこそ、憐《あわ》れむべき無辜《むこ》の民といえるのではなかろうか。

武芸

かの国にある武芸《ぶげい》の中で、今も現存しているのは、ただひとつ弓術《きゅうじゅつ》のみ。刀鎗剣戟《とうそうけんげき》がまったくないというわけではないが、平日にその練習をしているものはない。

弓は、半弓《はんきゅう》（小型の弓）で、矢の長さはわが国のものと変わらない。的《まと》は、一間《けん》四方ばかりの板に、先の混沌未判《こんとんみはん》のところで掲《かか》げたようなもの（31ページ）を画《えが》き、そこから百歩の距離を測って、これを射るのである。毎年試験があり、よく命中するものは、先達《せんだつ》の称号を得られる。

また、鉄砲の射的《しゃてき》もあるが、弓のようには流行していない。弓が流行しているのは、賭博の一種として勝負を決めているからで、かの国の人の嗜好《しこう》に合うのであろう。

旱魃《かんばつ》

朝鮮の山岳《さんがく》は、多くが赤土《あかつち》の露出した禿山《はげやま》で、樹木がないために、少しの旱天《ひでり》でも水源はすぐに涸《か》れ、田んぼに亀裂が入って、稲は赤味を帯び、百姓を悩ませているのである。

わが国では、高地の水田に灌漑《かんがい》するときは水車を用いる。旱魃《かんばつ》のときにも、その便に頼ることが多い。しかし、かの国には水車がないため、少しずつ杓子《しゃくし》で水を汲《く》みあげる。その不便さは、計《はか》りしれないものだろう。

ようするに、かの国は、水車を発明するような知識もない、憐《あわ》れな人間の掃《は》き溜《だめ》なのである。

旱魃が続いて、ほとんど収穫がなくなれば、韓人《かんじん》は、その女子供を下人《げにん》として富裕者や支那《しな》人に売り、わずかな米麦《べいばく》を買うという。

少しでも蓄えがあるものは、倉庫を開き、貧しい人が、盂《う》(鉢)を持ってきて、米麦に代えてくれるようにいえば、その持参した盂で米麦を量《はか》って与える。そして、米麦を渡す代わりに、盂を自分のものにしてしまうのである。これで、たいへんな利益を得るという。

盂は、真鍮製《しんちゅうせい》で、その大きさはさまざまであるが、五合以上より、五升《しょう》くらいまで盛るものがある。

凶年で、一般民衆が飢えに苦しみ、つぎつぎと富裕者の家の門を訪ねて、一杯の食を乞《こ》う貧しい人たちは、痩《や》せ細り、頬骨《ほおぼね》が出て、衣服は破れ、髪は乱れ、よろよろと、わずかに杖《つえ》によって身を支えている。その惨憺《さんたん》たる光景は、まったく見るに忍びない。

昨年は、小歉歳《けんさい》（小飢饉《ききん》の年）にとどまったが、それでも、この現象を見たのである。
※松籟子《しょうらいし》が言うには、「私はかつて、かの国の人に質問したことがある。あなたがたの国の山岳は、※どういったわけで樹木が植えられていないのですか、と。その人は、ただ、樹木の蔭にひそむ虎の害を恐れているのです、と答えた。たしかに、虎の害はあるかもしれない。しかし、これは、逃げ口上にすぎない」。

※　松籟子……未詳。
※　どういったわけで樹木が植えられていないのですか……冬場の暖をとるのに、ことごとく樹木を伐《ばっ》

採《さい》してしまったと考えられる。問題は、なぜ計画的な植林ができないかということだ。

農具

かの国の農具は、鎌《かま》、鋤《すき》、籾摺臼《もみすりうす》、箕《み》である。それ以外には何もない。鋤は、わが国のものと、まったく同じで、牛に牽《ひ》かせる。貧しく、牛を飼う余裕がないものは、牛の代わりに三、四人の人力で牽くのである。

籾摺臼は、円木《まるき》の直径が一尺ばかり、高さ二尺ばかりのものが二個からなる。これも、わが国の挽臼《ひきうす》と、ほぼ同じである。大規模農家はこれを用いるが、小規模のところは、すべて臼で杵《つ》いて、手で籾殻《もみがら》をとりのぞく。

また、稲の茎をこきて籾《もみ》とするには、二本の小竹を左手に握《にぎ》り、右手に持った二、三茎の稲をしごいて、籾とする。

麦を打つさまは、日本のものと変わらないが、その麦を殻《から》から分けるには、風上に立って高く持ち、風でその殻を吹き飛ばすのである。

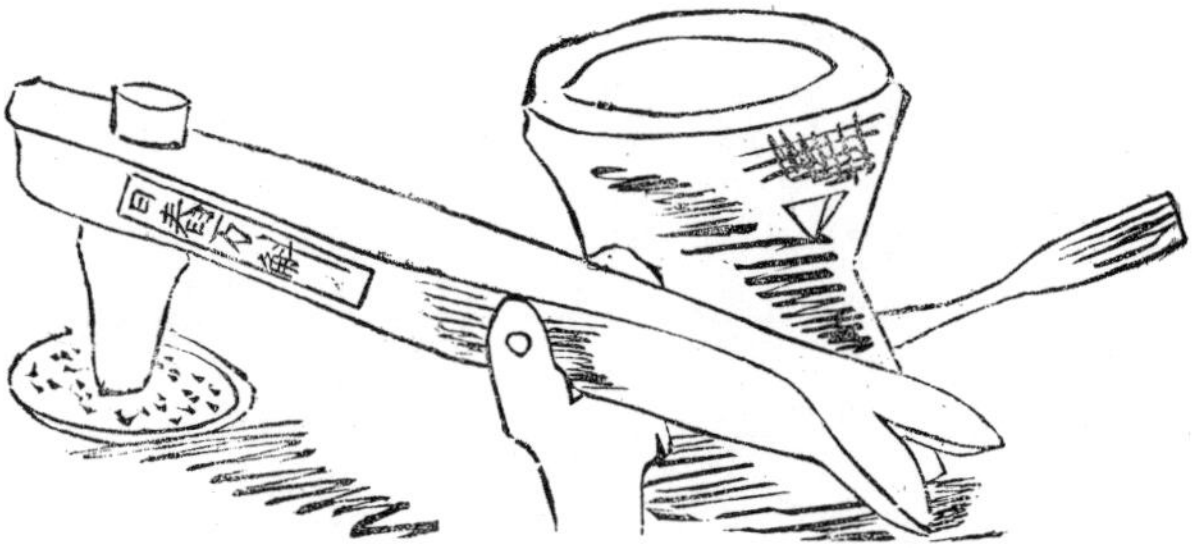

ただ一つの利《り》

征韓《せいかん》の役《えき》によって、わが兵（豊臣秀吉の兵）の掠奪《りゃくだつ》や乱暴が及ばないところはなかった。八道《はちどう》（朝鮮全土）のほとんどが、焼土《しょうど》（焦土）と化した。

その間、ただ一つ、韓《かん》に与えた利《り》は、稲苗《とうびょう》を植えかえること、つまり、挿秧《そうおう》（田植え）の技術を教えたことであろう。かの国では、今なお、その方法によって、万民が利を得ている。

それ以前は、籾種《もみだね》をじかに水田に播《ま》いたまま、秋の収穫があるのを待っていたのである。これは、あたかも、※守株《しゅしゅ》の故事《こじ》にあるとおり、兎《うさぎ》を得ようとする愚者と同じである。

※　守株……走ってきた兎が、偶然、切り株にぶつかったのを見た人が、再び同じ方法で兎を得ようとして、毎日、その切り株のそばで、待ちつづけたこと。旧来の朝鮮の稲作では、このような偶然に頼る収穫しかできなかったことを示している。

小白紙旗《しようはくしき》

門前に、小白紙旗《しようはくしき》を掲げるものがある。※痘神《とうじん》を追いたてるためという。そこで私が、※鮑貝《あわびがい》に「佐々良三八郎宿《ささらさんはちろうのやど》」と書いて、門に掲げる方法を教え、その由来を語った。その人は、おおいに喜んでいた。今にして思えば、「※蟹甲将軍《かいこうしようぐん》」の四字を書くように教えていれば、かえっておもしろかったのではなかろうか。

※ 痘神……疱瘡《ほうそう》（天然痘《てんねんとう》）を流行させる疫病神《えきびようしん》（やくびょうがみ）。

※ 鮑貝に佐々良三八郎宿と書いて……佐々良三八郎は、人間の姿をして訪れた痘神を助けたことで、その子孫が疱瘡の被害をまぬがれたという。そのことから、佐々良三八郎の子孫であることを鮑の貝殻に記し、家の入口にかけておくと、疱瘡よけになると信じられた。

※ 蟹甲将軍……井上角五郎《いのうえかくごろう》（一八六〇―一九三八）。朝鮮末期の政治に深くかかわり、漢文とハングルを併記した漢城旬報《かんじようじゆんぽう》を刊行。日本に帰国後も、実業家・政治家として存在感を示す。蟹《かに》のような顔の形と、疱瘡による「あばた面《づら》」から、蟹甲将軍と綽名《あだな》された。当代の人気者らしく、家の入口に彼の名を記した紙を張ると、疱瘡よけになるといわれた。

駆鬼符《くきふ》

わが国でいうところの、悪魔除《あくまよ》け、火災《かさい》除けなどのものは、かの国にもある。その形状は、いずれも、わが国のものと変わらない。また、門に虎を画《えが》くのは、虎が三災《※さんさい》を追いはらう故事にちなむという。

※　三災……大の三災は、火災、水災、風災。小の三災は、穀貴《こくき》（飢饉《ききん》）、兵革《へいかく》（戦争）、疫病。

猫と牛

朝鮮では、猫を飼うものは少ない。というのも、猫の繁殖は、きわめてよくないという。

そして、かの国の習俗では、ひとつの比喩《ひゆ》が語られるようになった。猫の性《しょう》は、ずるがしこく、牛の性は、従順で勤労。そのため、牛は毎日のように食べられているのに、八道《はちどう》

（朝鮮全土）でその数は減らない。猫はといえば、屋内で養われ、主人の膝の上に座って、美食にあけくれているのに、子孫の繁栄を見ない、と。

古語にいうには、「※積善之家有余慶《せきぜんのいえよけいあり》、積悪之家有余殃《せきあくのいえよえいあり》」。

※　積善之家有余慶、積悪之家有余殃……『易経《えききょう》』の一節で、正しくは、「積善之家必有余慶、積不善之家必有余殃」。善を積んだ家には、ありあまる慶《よろこび》（吉事《きちじ》）がある。善を積まなかった家は、ありあまる殃《わざわい》（災厄《さいやく》）を受けるだろう。

洗濯と擣衣《とうい》

河畔《かはん》に出て衣を洗うには、水に漬けた衣を平たい石の上に乗せ、一尺ばかりの棒で何度も叩き、垢膩《こうじ》（垢《あか》と脂《あぶら》じみ）をとりのぞく。

この方法によると、素材を傷めやすいのだが、垢膩はきれいにのぞかれて、※「浣素素逾白、浣紅紅漸空」の句を思い出させるのである。河で洗濯をしている※韓女《かんじょ》たちが、このよ

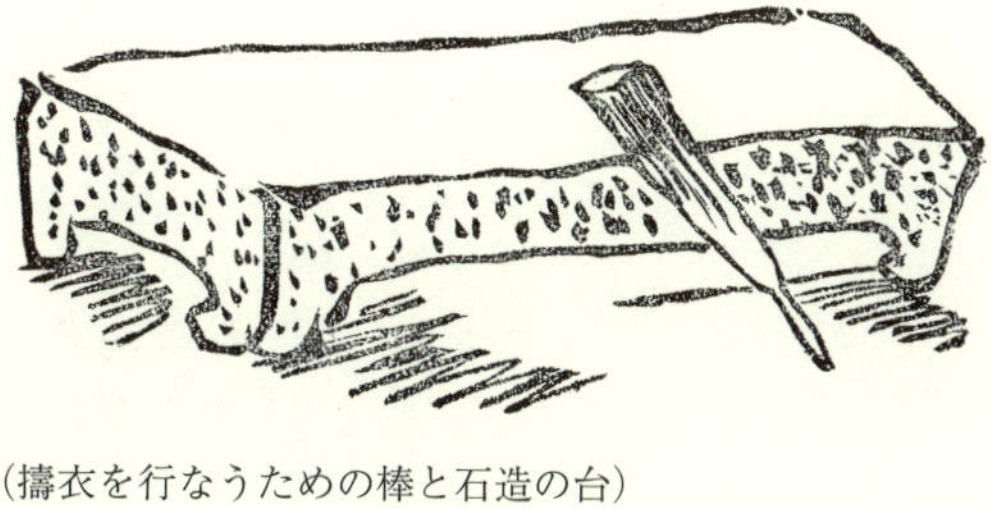

（擣衣を行なうための棒と石造の台）

うな日々のささやかな怨《うら》みを感じているのかは、わからない。

小渓水《しょうけいすい》（小川）の清らかな流れの中で、老嫗《ろうおう》（老女）や少婦《しょうふ》（若い女性）が衣を洗うさまは、これほど情緒のある眺めはないといってよいだろう。

こうして洗われた衣は、幾枚となく山腹に晒《さら》される。そのさまは、一望《いちぼう》して炎天《えんてん》に雪尚《ゆきなお》残《のこ》るかと思わせるほどである。「衣ほすちょうあまのかぐ山」とも、眺められよう。

こうして乾いた衣を携《たずさ》えて、家に帰り、これを擣《つ》くのである。

「お仕舞《しまい》は一声《ひとこえ》高し小夜《さよ》きぬた」（小夜砧《さよぎぬた》は、秋の季語）。

「月の出る山を真向《まこう》や小夜きぬた」。

「長安一片月、万戸擣衣情」。

秋の哀《あわれ》を捲《ま》きこめて打てばや音の身にはしむらん。

まったくもって、無限の旅情を駆りたてるものは、この擣衣《とうい》（衣を打つ）の声にこそあるのではないか。

※　浣素素逾白、浣紅紅漸空……素《しろ》（生成り）を浣《あら》えば、素、いよいよ白く、紅《あか》を浣えば、紅、しだい

に空《むな》し（色落ちする）。

※韓女……韓人の女性。いくぶん情緒的な表現に感じられるのは、気のせいか。

※衣ほすちょうあまのかぐ山……持統天皇歌。天の香具山（大和国《やまと》）のふもとに、衣が干されているよ。上の句は、「春過ぎて夏来にけらし」。

※長安一片月、万戸擣衣情……李白の詩、「長安《ちょうあん》、一片《いっぺん》の月。万戸《ばんこ》、衣を擣《う》つの声」から。「声」を「情」としたのは、誤りか、意図的なものか。

渡場《わたしば》

かの国の内地《ないち》の河《かわ》には、たいがい、橋というものが架《か》かっていない。旅人のために船を渡していることさえ、たいへん稀《まれ》である。

というわけで、このような橋もない河に出くわすと、裸になって泳ぎ行くしかない。小さな河も、夏の降雨の時期になると、一気に増水し、※大井川《おおいがわ》でもないのに、旅人はしばしば河止《かわど》めに合う。冬になると、たいがい土橋のようなものが架かっているか、氷結しているために、旅行しやすい。

さて、渡場《わたしば》で、舟子《ふなこ》（舟乗り）たちが、他郷の旅人を見ると、往々にして、ぼったくりともいえる賃金を要求して、私たち旅人を怒らせる。

彼ら韓人が貪《むさぼ》るのは、わずかばかりの金銭であるから、あえて惜しむようなものではないが、（重くてかさばる）韓銭が携帯に不便なことで、旅行者はたいていの場合、先の旅程を測って、なるべく余分を持ち歩かないようにしているから、旅中は一銭とはいっても、惜しまないわけにはいかない。

私がかつて、※尚州洛東《しょうしゅうらくとう》の渡場にあったとき、私を甘く見た舟子たちが、法外の賃金を請求した。私がその無法を咎《とが》めても、彼らは頑《がん》として引かない。

おおいに憤《いきどお》り、衣を脱いで頭上に束《たば》ね、あわやとばかり、河の中に飛びこみ、泳ぎ渡ろうとする勢いを見せたところ、彼らは私が溺《おぼ》れるのを恐れ、あわてふためき、私をなだめて、謝罪した。そして、優待厚遇、船に棹《さお》さすと、一銭もとらずに対岸に渡してくれた。

というのも、もし、私を溺死《できし》させてしまったら、彼らが罪に問われるためである。

私は、最初から、泳ぐことができない。ただ、こけおどしで、彼らの肝を冷やしたのである。今となっては、笑い話だろう。

※　大井川……「箱根八里《はこねはちり》は馬でも越すが、越すに越されぬ、大井川」。増水時は、東海道中の旅人を多く足止めした。

※　尚州洛東……慶尚道の中心都市だった尚州（サンジュ）、その近くを流れる洛東江《らくとうこう》（ナクトンガン）。

塞翁《さいおう》の馬

京畿道安城《けいきどうあんじょう》（アンソン）の両班《りようはん》（ヤンバン）、※曹秉轍《そうへいてつ》は、私の知人である。昨春、※大科《たいか》を経て第一に及第（合格）し、※朝散大夫《ちようさんたいふ》に任じられて、※成均館《せいきんかん》勤務を命じられた。知人たちが集《つど》って、その出世を慶賀《けいが》した。

ところが、数日で、また別の命《めい》があった。それによると、官職（朝散大夫）を剝奪《はくだつ》して、※江原道江陵《こうげんどうこうりよう》に追放すると。

その理由書がいうには、そのもの（曹秉轍）の叔父は、かつて朝旨《ちょうし》（朝廷の意向）に背《そむ》いて、天主教《てんしゅ》を奉じ（キリスト教を信仰し）、斬罪《ざんざい》に処せられた罪人である。その醜族《しゅうぞく》（傷のある家系）の姪《てつ》（おい）であるにもかかわらず、それを隠して科挙の試験に臨んだ。この罪は軽くない。そのため、江陵に配《はい》すと。

※人間万事《にんげんばんじ》、塞翁《さいおう》の馬のようなものである。昨日の慶事は、今日の弔事《ちょうじ》。私にはこれ以上、何も言うことができない。ただ、曹氏が清貧の人であり、官職を受けたときに、賄賂《わいろ》を献《けん》じて長官に媚《こ》びる余裕のなかったことが、憐《あわ》れでならない。

※　曹秉轍……未詳。
※　大科……朝鮮の科挙には、文科と武科、雑科があり、文科は大科と小科に分かれる。
※　朝散大夫……従四品《じゅしほん》の位にある役職。官僚のスタートラインとしては、上々である。
※　成均館……一八九四年まで存在した朝鮮の最高教育機関。ここの職員としての勤務ということか。
※　江原道……八道の一つ。朝鮮半島の東部。江陵は、日本海に面した都市。
※　人間万事、塞翁の馬……人生の禍福《かふく》は、予測できないことのたとえ。塞翁という男の馬が逃げたが、まもなく駿馬《しゅんめ》（すぐれた馬）を連れて戻ってきた。また、ある日、塞翁の子がその駿馬に乗っ

て遊んでいたところ、落馬して足を骨折してしまった。すると、まもなく戦争が起こり、村の若者は徴兵され、多くが戦死した。ところが、塞翁の子は、足を骨折していたおかげで、ひとり徴兵をまぬがれ、生き残ったのである。

地方官

地方官の任期は、三年で満期となる。しかし、そのまま在任したいと考えるものは、再び金を政府におさめ、その官職を買うことで、続けるのである。

小さな県の定価は三千両、すなわち九百円以上。品位《ほんい》（位階）によって、地方得分の多少に応じた高低がある。一万円をおさめれば、観察使《かんさつし》の官職を得られるという。観察使は、道王《みちのおう》とも、または監司《かんし》とも称し、一つの道《どう》の主宰（トップ）である。

地方官が交代するときは、わが国のように、事務的な引継ぎなどはなく、ただ、その印《いん》綬《じゅ》（官職をあらわすハンコ）を受けとるのにすぎない。

日本人と清国人《しんこくじん》の勢力比較

駐在公使の手腕や器量は、日本は、清《しん》に遠く及ばない。

それに加えて、朝鮮の国是《こくぜ》ともいうべき事大《じだい》主義が、日清両国人の勢力の強弱に影響を及ぼしつつあるのは、わかりやすい現象となっている。

また、居留地人民の数の多少が、最も強く、おたがいの勢力の強弱に影響を有している。釜山（プサン）の居留民は、日本人が清国人より多いため、その勢力は、はるかに清国人の上にある。しかし、京城《けいじよう》（ソウル）の居留民は、彼らが私たちより多いため、彼らの勢力は、はるかに私たちの上にある。※仁川《じんせん》や※元山《げんざん》のようなところでは、私たちの勢力は、やや彼らの上にある。

ああ、とはいいながら、京城は、朝鮮の政府のあるところ、政令が出されるところ。つまり、かの国の首脳《しゆのう》となる地であるから、その京城での、わが国の人の勢力が、支那《しな》人よりも下となることは、私たちのたいへん遺憾《いかん》とするところなのである。

三港（釜山、仁川、元山）における私たちの勢力が、たとえ彼ら（清国人）に優《まさ》るといっても、京城の勢力が劣っていることを考えれば、あえて誇るに足りない。

もし、一朝風雲《いっちょうふううん》の変が、この地に発したなら、どうだろう。誰が、※漢江《かんこう》を押さえ、※漢山《かんざん》を控《ひか》えて、この天府《てんぷ》の形勝《けいしょう》（天然の要害《ようがい》）を占《し》めるというのだろうか。わが国が、たとえ平常時にも、戦艦を※江華《こうか》に浮かべていても、※祖生《そせい》の鞭《べん》をつけるのが、清国であるのは、わざわざ識者の論を待つまでもないほど、明らかなことである。

今、京城における、日本人と支那人との勢力の強弱を検証できる、現実的な話をしたいと思う。

もし、日本人と支那人とが喧嘩《けんか》をするときは、わが国の人は、常に負けてしまう。これは、支那人が、多人数によって敵対してくるからである。そうすれば、京城にて、わが国の人は、とても支那人に勝てるような境遇にない。

たとえば、わが国の人が、※南大門《なんだいもん》あたりで露店を張り、雑貨を売ろうとすれば、その近辺にある支那の雑貨商は、いわば商売敵《がたき》なので、ちょっとしたことから喧嘩を仕かけ、多人数の集団でやってきて、商売の妨碍《ぼうがい》をするようになる。これなどは、とくに珍しいことではない。

昨年、南大門内に、まだ巡査交番所がなかったときは、この地に開店する二、三の日本商人は、たいへん不安な日を送っていた。

たとえ、わが国の人に理があったとしても、腕力でやるかぎり、とても彼らに対抗することはできない。そこで、支那理事府《りじふ》に出向いて、ことの次第を訴え、無法支那人をとり締《し》まるように頼んだところで、日本語がわかるという巡査が出てきて、それ以上、詳しく内容を問いただそうともせず、「アナタ、日本人。日本領事館、イク（行く）よろしい」とはねつけるだけだった。

また、日本警察署に行ったら行ったで、「その相手を捕《とら》え、連れてきなさい」と言い渡され、残念ながら黙ってあきらめる以外に、手段はない有様《ありさま》である。ひそかに、日本政府の保護がいたらないことに、不満を述べるものが多い。

これらの問題は、ただ支那人によって起こされているだけではない。事実として、韓人《かんじん》からも侮蔑《ぶべつ》を受けるようになってきている。わが国の人が南大門の朝市に露店を出す場合は、その前に住む韓人から、毎朝、若干の謝礼金をとり立てられるのが常である。しかし、支那人が露店を張る場合には、一文半銭《いちもんはんせん》も徴収されることがない。

このことは、京城における、日清両国人の勢力の強弱を知ることのできる例証であり、また、わが国の人が、韓人によって見下《みくだ》されている徴候《ちょうこう》ではないか。

とはいっても、京城の日本人居留地、いわゆる泥峴《※でいけん》では、わが国の人の勢力も、おおいに強く、物品を売買しにくる韓人たちは、常に敬語を使う。

思うに、韓人は、扱いやすい生きものであって、あえて問うに足りないとはいうが、支那人の勢力がわが国の人を凌駕《りょうが》し、これに引きずられる形で、韓人たちですら、私たちを軽侮《けいぶ》するようになっているのだ。

このことは、わが国権《こっけん》の消長《しょうちょう》（衰えと栄え）を考えるとき、けっして小さな問題ではない。日本人は、必然的に、わが勢力を奮い起こすための方策を講じるべきではないか。

※　仁川……インチョン。京畿道にあり、黄海に面した港湾都市。
※　元山……ウォンサン。江原道にあり、日本海に面した港湾都市。
※　漢江、漢山……ソウル市域にある川と山。
※　江華……江華島。ソウルの西方に位置し、大陸への海路の要衝《ようしょう》。
※　祖生の鞭……先鞭《せんべん》をつける。他に先んじて、あるいは、出しぬいて、手をつけること。

※　南大門……ソウルの中心的な商業地。
※　泥峴……かつてソウル市域にあった日本人街の地名。

豊年踊《ほうねんおどり》

終日、陽《ひ》がさんさんと照り、まるで、飯を炊《た》く釜の中に座っているようだ。筋肉は弛《たる》み、力が抜け、いっそう夏の一日の永《なが》いことを思う。

日暮れになり、一陣《いちじん》の清涼の風を得て、ようやく終日の苦悩を洗う。と同時に、鐘と太《たい》鼓《こ》の音が聞こえ、その響きは、人々の叫び声と交わり、笑語《しょうご》喧々《けんけん》、耳たぶを叩《たた》くかのように飛びこんでくる。

官衙《かんが》（役所）の門前では、人々がすでに山をなしている。豊年踊《ほうねんおどり》は、その興奮がすでに最高潮だ。

一人の子供が、壮年男性の肩の上に立ち、男性がその足を握って動くと、子どもは手を揺《ゆ》らして踊っている。銅羅《どら》が響き、鼓《つづみ》が鳴り、拍手喝采《はくしゅかっさい》が四方に起こる。

踊りが終わると、銅鑼は響きを止め、鼓は鳴りをおさめ、喧囂《けんごう》（騒がしい）の声も、また小さく静かになった。

そのとき、目に入ったのが、繊々窈窕《せんせんようちょう》とした（ほっそりと美しい）妓女《ぎじょ》たちである。二人、三人、四人と、軽裙《けいくん》（薄い生地の裾《すそ》）を翻《ひるがえ》し、しとやかに歩きながら、人々の前にあらわれてくる。人々はまた、大騒ぎになる。鐘と鼓の音が、再び起こった。

妓《げいしゃ》は、ゆったりと俚謡《りよう》（民謡）を唄い、軽やかに舞う。舞うさまは、狂った蝶が玄圃《げんぽ》（仙人のすみか）で戯《たわむ》れているかのようで、唄う姿は、愛らしい鶯《うぐいす》が、梅の花でさえずっているのに似ている。千姿万態《せんしばんたい》（さまざまな姿と形）で、しだいに、観客たちを感嘆させていく。

これが、韓人《かんじん》が有年《ゆうねん》（その年が実り有《あ》ること）を祝う豊年踊である。

疑心暗鬼《ぎしんあんき》を生《しょう》じる

私が、はじめて釜山（プサン）に渡航したときのことである。京城（ソウル）まで陸行《りっこう》しようと思い立ち、韓銭を腰纏《ようてん》（お金を入れるための腰に巻く袋）に入れ、わずかばかりの荷物を肩に、釜山の居留地を出発したのである。

渡航後、はじめての旅だったので、まだ、かの国の言葉を知らなかった。それに、かの国の人情や風俗も知らなかったから、途中で多少の困難に逢うことは、もとから覚悟の上だった。

それでも、思っていたよりかは順調だった。三日目に、慶尚道観察使《けいしょうどうかんさつし》の所在する（慶尚道の政治的中心である）大邱《たいきゅう》※（テグ）というところに着き、たいへんむさくるしい客舎《はたごや》に宿泊した。そのとき、同じ客舎に泊まっていた客は、私の他に誰もいなかった。

夕飯を終えた私は、日記などを書いているうちに、やがて夜の十一時頃にもなった。宿の家の人たちが話す声も、聞こえなくなったので、枕につこうとしたときだった。部屋の戸を開けて入ってきたのは、客舎の主人であった。

彼は、私に向かって何ごとかを語りかけようとしていた。しかし、私はまったく韓語《かんご》を理解できないので、何を言っているのか、わからなかった。やむをえず、文字に記して、「何ごとですか」と尋《たず》ねたのだが、彼は文字を知らないものと見えて、書いたものを見ようともしなかった。

今、あのときのことを思い起こせば、そのさまは、まるで、耳は聞こえるが言葉の出ない人が、たがいに会話を試みているかのようで、たいへんおかしい。彼は、私が韓語に通じていないのを知ってはいたが、それでも、たいへん熱心に、しきりとしゃべっている。私はすっかり困惑してしまったが、どうすることもできなかった。

もどかしく思った彼は、ついに手真似《てまね》を始めた。それを見ると、親指と人差し指を結んで、かつ、掌《てのひら》を広げて私に示している。彼は宿代を請求しているのではないか、そう思ったので、腰をさぐって、四十文を差し出したのである。ところが、彼は、それを一顧《いっこ》だにせず、再び同じような手語《しゅご》を繰《く》りかえすのだ。

私は、さらに思った。「これでは不足だ。もっと払え」と言っているのではないかと。とはいえ、四十文も払えば、どこの客舎も満足するであろう。しかし、この家の主人は、私が一人客であるのにつけこんで、貪欲《どんよく》の心を起こしたのではないかと、そう心の中で察《さっ》して、首を振り、手を揺らして、これ以上の金は持っていないことを示した。

それでも、主人は、きまって真面目《まじめ》である。ついには、私の顔をじっと見ながら、手を伸ばして、じかに私の腰をさぐり、腰纏を指しながら、掌を突き出し、それを出すように強要した。私は、たいへん驚いた。彼は、私の路金《ろきん》（旅のための持ち金）を残らず、とりあげようとしているのだ。

今、彼の意に従えば、明日から、どうやって旅の費用を捻出《ねんしゅつ》すればよいのか。しかし、彼の意に背《そむ》いたところで、彼に、私を害する心がないとは保証できない。

ああ、これは、なんという悪因縁《あくいんねん》。金をすっかり失うのは、たいへん惜しい。とはいっても、生命《いのち》のことも考えないわけにはいくまい。何ごとも、わが生命があってこそのものである。

それで私は、金を渡そうと、ようやく決心すると、力なく腰纏を解いて、すべての銭文を彼に与えたのだった。主人はうれしそうに黙礼《もくれい》すると、その銭を手に部屋を出ていった。

私は恨《うら》めしく、主人の後ろ影を見送り、深くため息をついた。ああ、私は、彼にすべての旅費を奪われてしまった。異域《いいき》（外国）の万里の旅の空、どうやって明日を過ごそうか。

この家の主人は、まったく恐ろしい盗賊だ。私を他国の一人客とばかりに足もとを見て、貪婪《どんらん》あくなき欲望をあらわにしたのである。

私が、このまま漫然《まんぜん》と、ここにいれば、再びやってきて、今度は行李《こうり》（カバン）を奪うかもしれない。千金《せんきん》の身《み》（大切なわが身）も、むなしく害されてしまうかもしれない。さまざまな想像が胸に浮かんで、氷の上に座らされているかのような感覚におちいった。

とはいえ、もはや、どうしようもない。運は天のものである。暗夜、道を求めてここを抜け出したとしても、方位すらわからないから、どこを目指して逃げることができようか。

外に出て生きられないよりかは、死を覚悟してここにいるほうが、まだよいかもしれない。彼は、ただ銭が欲しいだけだ。金目のものが全部、彼の所有となれば、どうして、私の生命まで奪おうとするだろうか。

と、心がすでに固まったら、それ以上、恐れることもなくなった。悠然《ゆうぜん》と、眠りについて、東方《とうほう》が白《しら》む（夜が明ける）のもわからなかった。枕頭《ちんとう》の人語《じんご》（枕もとの人の話す声）に驚いて目を開けると、四、五名の韓人《かんじん》が、私と話をしようと集まってきていた。傍《かたわ》らで、眠っている私が目を覚《さ》ますのを待っていたのである。

私は、やや不愉快ではあったが、問われるままに答えもしながら、こちらは旅の前途《ぜんと》のことなどを尋《たず》ねるなどして、筆談に時間を費《つい》やしていた。すると、客舎の主人が、朝飯《あさめし》を運んできた。

これは、奇妙だ。昨夜、人がいなくなってから、私を脅《おど》して旅費を奪ったものが、どういった心持ちで朝飯を供《きょう》しようというのか。いわば、大を奪って、小を与えるということなのか。

心の中に疑念がないわけではなかったが、十分に食べおわって、いよいよ出発しようとしたときだった。主人は、昨夜の銭を持ってくると、私の前に全部置いた。

今、ようやく、はじめて理解できた。主人は、私が銭を腰に巻いたまま寝入ってしまうことを危険と考え、私のために、わざわざこれを預《あず》かっておいてくれたのである。ああ、私は、すっかり疑心暗鬼《ぎしんあんき》を生じていたのだった。

昨夜の彼が、あまりにも大真面目であったので、異域人（外国人）を警戒していた私は、どうにも、これほどまでの親切を知ることができなかった。

大邱を離れること、二十里ばかり、幽谷《※ゆうこく》駅へ入る途上の道ばたに木牌《もくはい》（木製の札）を立て、

「誅大賊鄭某者、賞給一百両（大盗賊である鄭《てい》某《なにがし》を誅《ちゅう》したものには、一百両の賞金を給《たま》う）」

と大書《たいしょ》してある。

私は、驚愕《きょうがく》した。お上がこれほどの大金を賭《か》けて捕《とら》えようとするような大盗賊が、このあたりをうろうろしているというのか。

のちになって、人から聞いたところによると、一百両とは当五銭《とうごせん》で十貫文《かんもん》、わが国のほぼ三円程度であった。異域の旅先では、時おり、こういった誤謬《ごびゅう》におちいって、肝をつぶすのである。

※　大邱……テグ。慶尚道の中心都市。
※　幽谷駅……ユゴク駅。今の聞慶（ムンギョン）市に位置し、ソウルと大邱を結ぶ基幹道路の要地だった。

薬商《やくしょう》

わが国の書生で、かの国の内地を跋渉《ばっしょう》（歩き回る）しようとするものは、その多くが薬品を荷《にな》って、自身のことを医者、または薬商《やくしょう》と称している。そして、公然と、土地の人の病を診察し、薬を投じては、その先の旅費を調達する。

このことは、考えようによっては、やむをえないことではある。韓銭《かんせん》は重く、千里の跋渉で、これを携《たずさ》えて移動するのは、たいへん困難であるからだ。

しかし、簡単に銭を得られるからといって、蛇に咬《か》まれたときの毒害に※万金丹《まんきんたん》を塗り、睾丸炎《こうがんえん》に解熱剤《げねつざい》を与えておきながら、ここは日本ならぬ、異域《いいき》（外国）万里の旅行、一時の恥なんて、もとから意に介《かい》していないとばかりの旅行者が、年々増えている。

そのため、釜山（プサン）から京城（ソウル）に向かう街道ぞいでは、この手の日本人旅行者に懲《こ》りていて、最初から商売目的で、本物の医師ではないだろうと疑ってかかる住民が多い。わが国の医師と聞くだけで、この地方で信用がないこと、日ごと、ますます大きくなっている。

松籟子《しょうらいし》が言うには、「※咸昌県《かんしょう》利安村《りあん》を過ぎたあたり、私が、民家で旅舎《はたごや》の有無を尋《たず》ねたところ、韓人《かんじん》たちは、私の言葉を理解できず、この村に病人はおりません、と答えた」のだそうだ。

※　万金丹……胸やけ胃もたれの薬。もちろん、蛇の毒消しには効《き》かない。
※　咸昌県利安村……ハムチャン県イアン村。大邱の北方、今の尚州（サンジュ）市に位置する。

田舎《いなか》の薬局

かの国の村落をめぐるときは、図のような家屋を見るだろう。これは、薬局である。「※神農遺業《しんのういぎょう》」「博施済衆《はくしさいしゅう》」などと書きつけてあるのが、愛らしい。

※　神農遺業……神農は、古代中国の伝説上の人物で、医療を広め、薬祖《やくそ》とされる。その遺業を受けつぐという意味だろう。

牛痘医《ぎゅうとうい》

かの国の法では、※牛痘医《ぎゅうとうい》になろうとするものは、まず役所に数十金を納めて、その允《いん》

田舎の薬局

許《きょ》（認可）を受ける。

牛痘医は、一回の報酬《ほうしゅう》として、実に多くの金を貪《むさぼ》っている。わが国の人には、痘鍼《はり》（注射器）と痘漿《たね》（ワクチン）とを携《たずさ》えて、内地《ないち》（内陸部）に入り、一夜造《づく》り（間に合わせ）の牛痘医となるものがある。その収益の多いこと、ひと春で、ほとんど百金以上になるという。というわけで、韓医の種痘術《しゅとうじゅつ》においては、こういった一夜造りの医者も、その技術の巧拙《こうせつ》も、選ぶことはできない。

※ 牛痘医……牛痘は、牛のウィルス性の感染症。牛痘医は、その予防接種を行なう専門医。

喧嘩《けんか》

朝鮮の喧嘩《けんか》は、その様子が気楽千万《きらくせんばん》なのに、ほとほと呆《あき》れはててしまう。ちょっとしたことから争論をはじめ、双方がたがいに意気激昂《いきげきこう》し、口角泡《こうかくあわ》を飛ばして舌戦する。

しかし、しばらくして、議論がいよいよ沸騰《ふっとう》したところで、とても和解の見込みがないということになれば、双方ともにその笠《かさ》を脱ぎ、「さぁ来い、四つに組もう」とばかりに、たがいの椎髻《もとどり》を握りあい、引きつ引かれつ挑《いど》みあうのみ。

江戸ッ子のような、すばしっこい喧嘩を、まったく見ることはない。それで、喧嘩の最後は、いつも、「着物が破れた、つぐなえ」、「笠代、いくら出せ」などといった、目の前の損害の賠償を求めて終わるのが常である。

気は激《げき》して、心は噪《さわ》いでいるのだ。どうやって、まったくの平坦地《へいたんち》で向きあって、たがいに笠を脱ぐ余裕があるというのか。彼らのお気楽ぶりを知るだけであろう。これは、国運が否塞《ひそく》（下がり目）であることの徴候《ちょうこう》だ。

子供の玩具《おもちゃ》

かの国の人は、日常に必要不可欠なものでないかぎり、銭《ぜに》を出してまで購入することはない。

かつて、かの国には子供の玩具《おもちゃ》がないということで、わが国の人が、一挙に利益を上げようと、京城《けいじよう》（ソウル）で玩具店《や》を開いたことがあった。しかし、一個も売れないうちに、閉店の憂《う》き目にあったのである。

かの国の子供の遊戯は、おもに賭博《とばく》である。その勝負を決するための方法は、いくらでもある。紙鳶《たこ》（凧）、鞦韆《しゆうせん》（ブランコ）、梆笛《ほうてき》（横笛）、竹馬《たけうま》など、時節に応じて流行がある。しかし、銭を出して玩具を買うなどということは、絶対にない。

貧弱国には、みずから倹約を守る習慣がある。これはこれで、たいへんよい評価をすべきものだろう。

傘

かの国には、傘というものがない。近年、わが国より、唐傘《からかさ》、あるいは洋傘《こうもりがさ》などを輸出するようになって、少しは用いられるようにはなった。とはいっても、それは、十人中、わずか一、二人であって、他は、たいがい傘を持たない人である。

少しの雨のときは、彼らは、笠の上に油紙《あぶらがみ》でこしらえた雨除《あまよ》けをつけ、衣服は濡《ぬ》れるにまかせて歩く。旅行者は、※油衫《ゆしん》という、わが国の合羽《かっぱ》のようなものをつける。

とはいっても、雨天時には、外出しないのが通常の習わしである。雨が降《ふ》ると、市街はたいへんうらさびしい。

それとは反対に、晴天時になると、十四、五銭くらいの、わが国の番傘《ばんがさ》（おもに男性用の骨太な雨傘）を、日傘《ひがさ》の代わりにかざしている。そうやって、意気揚々《いきようよう》、得意げにしているさまを、私たち日本人が見ると、思わず吹き出してしまう。

※　油衫……表面に油を塗って、防水加工をしているのだろう。

擔軍《たんぐん》

戦いの日になると、運搬兵に編入する、擔軍《たんぐん》と称する人たちがいる。兵の装備を背中の桁《けた》に載《の》せて運搬し、銭をとる。

安物買い

日本にいる西洋の貿易人は、日本のことを安物買いの国だといって、わざわざ「日本向《む》き」の名称をつけて、粗製《そせい》品を輸入してくる。これと同じで、私たち日本人も、韓人《かんじん》は安物買いだといい、「朝鮮向き」という粗製品を輸出している。

知っておくべきは、朝鮮が貧困国であることだ。とくに、仁川《じんせん》（インチョン）や京城《けいじょう》（ソウル）では、粗悪《そあく》ゆえの低廉《ていれん》な商品でなければ、販路は開きにくいであろう。釜山（プサン）は、かの国で最も古い開港場であるので、粗悪低廉な品よりかは、むしろ堅牢《けんろう》なものを買おうとする気風《きふう》が生じてきている。

このため、わが国の輸出商のあいだでは、「釜山向き（高級品）」、あるいは「仁川向き（低級品）」という、決まり文句が生まれるようになったのである。

ということは、わが国の朝鮮に対する見方と、西洋のわが国に対する見方を比較してみたら、ああ、わが国は、西洋諸国から見たときに、一種の朝鮮国にすぎないということなのか。

支那人《しなじん》

八道《はちどう》（朝鮮全土）いたるところの市場で、支那人《しなじん》を見ないところはない。三々五々《さんさんごご》に列をなして、市の立つ場所を追って移動しているものは、数百人を下らないだろう。

彼らが売る品は、千人一様《せんにんいちよう》（みな同じ）で、針、釘《くぎ》、唐紙《からかみ》、唐糸、燧石《ひうちいし》、摺附木《すりつけぎ》（マッチ）、烟竹《えんちく》（キセル）などである。やや資本のあるものになると、金巾《かなきん》（キャラコ）などを売ったりもする。韓人《かんじん》に混じって、市場に店を張り、粗食をし、粗衣をつけ、みずから勤勉倹約を実践して、ついには、おおいに財を蓄《たくわ》えて帰国するのである。

それにくらべて、わが国の人は、むやみに奇利《きり》（思わぬ利益）を狙おうとするあまり、こういった地味な労働をはなから嘲《あざけ》っている。支那人は賤《いや》しいからなどと言いながら、一つの事業をなすこともなく、なかには、破産して、むなしく帰国するものも多い。ああ、結果として、支那人に遠く及ばない。

墓地

かの国の習俗として、墓地を選択するときは、たいへん厳密である。よい場所に墓地を得れば、子孫は必ず繁栄するという。

思うに、こういった習俗は、はるか数百年前に起こったものであって、現在の朝鮮王家（李氏《りし》）の祖先は、その昔、さまざまな困難に際し、流離混沌《りゅうりこんとん》、ほとんど一家を支えることもできない状態であったのが、※咸鏡道《かんきょうどう》の※香稗山《こうじさん》という名山に、父祖の屍《しかばね》を埋《う》めてからは、その功徳《くどく》によって、ついに高麗《こうらい》に代わり、王となることができたのだという。この話が、墓地の習俗のはじまりになっているようだ。

そうすると、もし家の中に不吉なことがあれば、必ず墓地の方位がよくないのではないかとの想像を画《えが》く。そこで、相者《そうじゃ》（人相見）を招き、卜者《ぼくしゃ》（占い師）を呼んで、その言を聴《き》きいれ、新たに墓地を選び直して改葬するのである。改葬のときの礼式は、新葬のときと同じである。

韓人の墳墓は、一種の※土饅頭《どまんじゅう》であり、墓標も、石碑もなく、土饅頭が累々《るいるい》と山麓《さんろく》や野

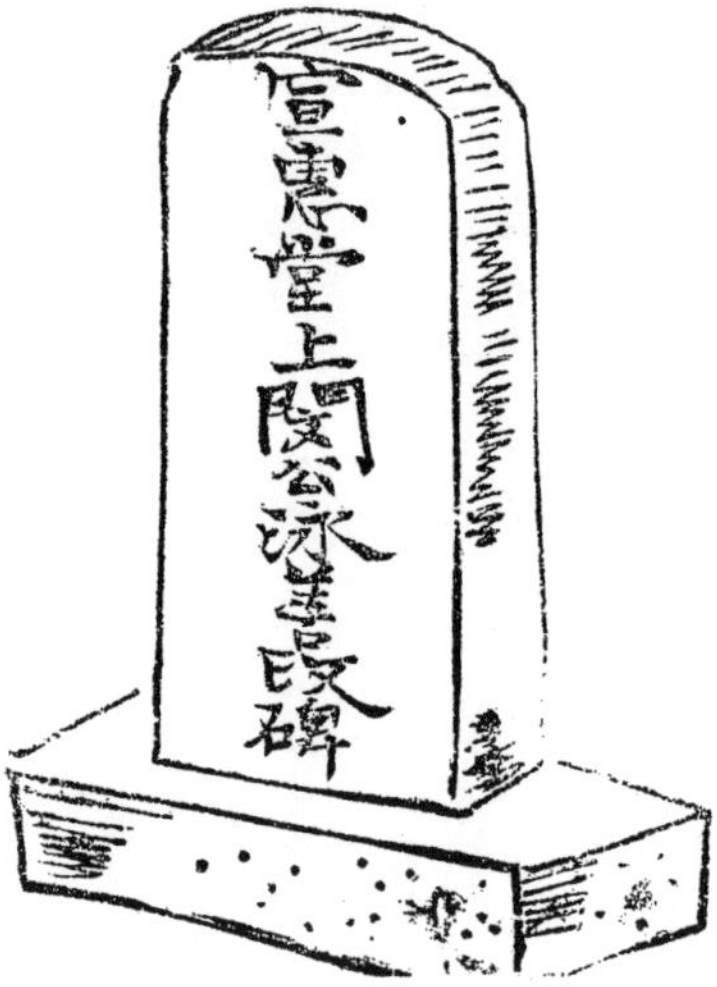
宣恵堂上閔公泳

外につらなっているのを見る。そして、石碑があるのは、最も富裕《ふゆう》な両班《りようはん》（ヤンバン）の墳墓だけである。

※ 咸鏡道……八道の一。半島北部の西海岸に面する地域。今の北朝鮮に属する。
※ 香穉山……未詳。
※ 土饅頭……円墳。土をこんもり丸く盛りあげたもの。

薬用人参《にんじん》

薬用の人参《にんじん》は、かの国の特産である。その産地は、京畿道《けいきどう》では、※松都《しようと》（ソンド）、※龍仁《りゆうじん》、※兎山《とざん》、※忠清道《ちゆうせいどう》では、※清風《せいふう》、※槐山《かいざん》、全羅道《ぜんらどう》においては、※錦山《きんざん》などがある。

なかでも、最も有名なのは、松都だろう。品質は良好で、価格もそれに応じて高額なものとなる。人参畑を所有するのは、必ずといって富裕《ふゆう》の人である。なぜなら、富裕でないと、その栽培にともなう出費に耐《た》えられないからだ。

人参を栽培する畑は、柴垣《しばがき》で四方を囲まれ、みだりに人が出入りすることは禁じられている。傍《かたわ》らに小さな小屋を建て、番人を置いて守らせている。

その畑は、地質を選ぶため、各地に細かく点在し、広いものといっても、たいがい一反《いったん》歩《ぶ》（三百坪）を超えることはない。

また、その収穫期は、八、九月の交《こう》（季節の変わり目のころ）である。

かの国の法によって、人参を外国人に売渡すことは、厳禁されている。昔は、この法を犯したものが斬罪《ざんざい》に処せられたという。※大典会通《だいてんかいつう》にも、人参を日本人に売渡すものがあれば、倭館《わかん》（釜山の日本人居留地）の前で、斬罪に処す云々《うんぬん》とある。

今は、法もやや寛《ゆるやか》になって、これを犯した場合にも、ただその人参を没収するにすぎない。とはいえ、※数年かけて栽培してきたものを一瞬にして没収されてしまうのは、たいへんな損害である。かの国の人は、容易には売渡そうとせず、ただし、隠密《おんみつ》の手段を設《もう》けて、ひそかに売買している。

人参の売買は、実に莫大《ばくだい》な利益の上がる商売であるから、わが国の現地居留民にしてみれば、これに手を出さないのは、みすみす宝を棄《す》てるかのような感想をいだくのである。

（人参畑と見張り台。番人は暇そうに長煙管を喫している）

※松都……ソンド。現在は北朝鮮に属する開城（ケソン）市。
※龍仁……ヨンイン。ソウル南方の都市。
※兎山……トサン。現在は北朝鮮に属する兎山郡。
※忠清道……八道の一。京畿道と全羅道の間、東海岸に面して位置する地域。
※清風……チョンプン。現在は韓国に属する堤川（チェチョン）市。
※槐山……クェサン。現在は韓国に属する槐山郡。
※錦山……クムサン。現在の錦山郡で、薬用人参の韓国最大の産地となっている。
※大典会通……一八六五年に編纂された朝鮮末期の法典。
※数年かけて栽培……薬用人参の栽培には数年を要し、一度栽培した土地は、また数年休ませなくてはならない。

松都《しょうと》

松都《しょうと》（ソンド）は、京城《けいじょう》（ソウル）から十六里のところにある。かつての高麗《こうらい》の王都で、盛大な大都会である。ここには、豪商が多く住み、商業はむしろ京城よりも盛《さか》んなほどだ。また、ここには百人以上の支那人《しなじん》が住むが、わが国の人はといえば、薬商が二名と、人参の買入《かいい》れのためにときどきやってくる、数人の商売人がいるのみである。元来、わが国の人は、少ない資本《もとで》しか持ちあわせていないにもかかわらず、気位《きぐらい》だけはたいへん高く、内地《ないち》を行商して売るのは、支那人の仕事である。堂々たる日本人が、こういった連中と互角《ごかく》をなして、毫厘《ごうりん》（わずかな利益）を争って走り回るのは、国家・国民の矜持《きようじ》にかかわる問題だなどと、自分勝手な議論をしている。

そして、毫厘の積み重ねが巨富《きよふ》になるのだという思慮もなく、ただ投機的な仕事を喜び、商売を一六勝負《いちろく》（サイコロの賭《か》け）と同じように心得ているものが多いから、かえって、巨財を蓄《たくわ》えたというものは少なく、一文を得れば、その一文を容易には手放さないという支那人よりも、金を本国に持って帰れるものは少ない。

たとえば、人参の買入れ事業のように、一種の冒険を要するものは、支那人のような着実主義の商人には、とてもできないことである。支那人は、いったん日本人の手に渡ったものを再び買入れるにすぎない。

彼ら支那人も、じかに韓人と取引すれば、利益が多いのを知らないわけではない。しかし、けっして、おのれの持ち場を離れ、国禁《こつきん》を犯してまで、こういった冒険に手出しすることはない。

わが国の人の冒険心を、はなから悪いものと否定するつもりはないが、何ごとに限らず一獲千金《いっかくせんきん》の希望をもって手を出すために、失敗と成功を平均すれば、結局のところ、支那人の着実主義と比較して、それより利益の上がらない場合が多い。

新聞紙

かの国の新聞には、わが国の人が発刊《はっかん》するものが、二種あるだけである。そのひとつを朝鮮新報《※ちょうせんしんぽう》といい、仁川（インチョン）で発刊されている。もうひとつは東亜《とうあ》貿易新聞といい、釜山（プサン）で発刊している。

ともに、わが国の仮名交《かなま》じり文章（日本語）を用いている。紙面はいまだ粗削りなものがあり、議論も幼稚で、いずれも見るほどのものではないとはいえ、朝鮮の時事を知ろうと思えば、ともかくも、これらに頼らないわけにはいかない。

※　朝鮮新報……一八九二年に発刊された。当然ながら、現代日本にある朝鮮総連の機関紙とは、まったく無関係。

京城《けいじょう》の書肆《しょし》

京城《けいじょう》（ソウル）には、書肆《しょし》（書店）が、二、三軒ある。ただし、これらの状況は、わが国の※日影町の古本屋には、遠く及ばない。しかも、そこで売っているのは、多くが零本欠冊《れいほんけっさつ》（巻数がそろわず、端本《はほん》ばかり）にすぎない。ソウルを離れると、八道《はちどう》（朝鮮全土）いずれの都会であっても、書肆というものを見ない。

そこで、内地《ないち》の人々は、行商人が、『※通鑑節要《つがんせつよう》』『※孟子諺解《もうしげんかい》』など、二、三の本を、市の立つ日に持ってくるのを待ち受けて、はじめて買い求めることができる。

書籍を買うのにも、これほど不便なのであって、詩や文章のようなものは、人が書き写したものを、また書き写して講習する。これは、都会でも、田舎でも、変わらない。

かの国の人たちが、文化の恩恵に浴しておらず、このように、みずから無知蒙昧《むちもうまい》に安住していることは、憐《あわ》れむべきものであろう。

※日影町……芝日陰町《しばひかげちょう》。新橋駅周辺。神田神保町が発展する前は、大きな古書街だった。
※通鑑節要……難解とされる司馬光《しばこう》（一〇一九―一〇八六）の資治通鑑《しじつがん》をわかりやすくしたもの。司馬光は、中国北宋《ほくそう》時代の儒学者《じゅがくしゃ》、歴史家。
※孟子諺解……孟子の言葉をわかりやすく書きあらためたもの。

京城《けいじょう》にある、わが国の官吏《かんり》

京城《けいじょう》（ソウル）に居留する、わが国の人民は、その数が少ないために、官民の関係も、おのずと和睦《わぼく》して、万事について円滑《えんかつ》である。

それでも、比較的、日本人巡査が威張《いば》るのには、たいへんびっくりさせられる。巡査は、月給の他に、滞在手当をもらっているので、ほとんど奏任官《※そうにんかん》以上の生計を営《いとな》むことができるという。

※　奏任官……下位の高等官。

教育の一端

富裕《ふゆう》の家は、教師を雇聘《ようへい》して、その子弟を薫育《くんいく》させているが、通常の家では、その子弟をいわゆる村夫子《そんぷうし》（村の先生）のもとへ、日々通学させている。これを字房《じぼう》という。その他に、子弟を教育する学舎《がくしゃ》といえるものは、ひとつもない。

児童が学習する様子は、ほとんど、わが国の昔の寺子屋《てらこや》と変わることがないが、房内《ぼうない》には、ひとつの机もなく、硯箱《すずりばこ》と講習に用いる書籍があるだけである。

そして、初学の児童に授けられるのは、人倫《じんりん》の大意《たいい》と朝鮮史の概略を書いた『童蒙先習《どうもうせんしゅう》』一部と、※『千字文《せんじもん》』一冊である。これを学び終われば、『通鑑節要《つがんせつよう》』七冊を行なう。いずれも、漢文である。

（児童がめいめいに独習をしている横で、教師が寝そべっているのはおもしろい）

習字は、日課である。その方法は、とくに手本のようなものはなく、幅一尺、長さ二尺五寸ほどの黄漆《こうしつ》を塗った木の板を用い、その左端に古人の詩句などを書き与え、これを手本にするのである。そして、いったん書き終えれば、手ぬぐいでこれを拭きとって、何度も用いる。しかし時々は、清紙《せいし》（清書用の紙）に向かって筆を試すこともある。

この字房は、いつ始まって、いつ終わるという規定もなく、まったく教師の勝手で、児童も、ここを学びの場とし、また遊び場としているから、朝から日没までいるのである。春夏秋冬、このようなものであるが、夏には、夜学の科を設け、唐詩《とうし》を暗誦《あんしょう》させるのを常としている。

児童の学齢は、たいがい十歳より、十四、五歳までである。

児童が書物を誦《しょう》するときは、ひとつ読むたび、体を左右に揺《ゆ》り動かす。そのさまは、あたかも張子《はりこ》の虎《とら》のようで、なかなか、おもしろいものである。

※ 千字文……二百五十句の四言古詩からなる。いずれも、さまざまな分野からの、千個の異なる漢字が用いられており、初学者は、バランスよく基礎漢字を学ぶことができる。

慷慨家《こうがいか》

皇家《こうか》（朝鮮王家）が末運《まつうん》に至り、二十四郡（朝鮮全土）に更無人《さらにひとなし》（国を背負う人材がない）との嘆《なげ》きを発するようになった今、国家が人を育ててこなかったことを悔《く》いても、すでに手遅れというべきであろう。

ああ、かの国の今日は、まさに国家の命脈が絶えようとしているのであって、わずかに列国の権力バランスの上で、かろうじて、ぜいぜいと余命を保っているにすぎない。※敵愾《てきがい》の志《こころざし》があるものは、今こそ、剣をとって、起《た》ちあがる時機ではないだろうか。

しかし、韓人《かんじん》は気楽この上なく、朝野《ちょうや》ともに（宮廷も、民間も）昏々《こんこん》としている（意識がない）。むやみに春眠《しゅんみん》を貪《むさぼ》る、そのあいだにも、夜来《やらい》の風雨（外国からの介入や攻撃）が、にわかに落花《らっか》（国家の終焉《しゅうえん》）を促進させようとしているのを知らない。いったい、この状況をどう評《ひょう》すればよいのだろう。

ある日、※清州《せいしゅう》の崔某《さいなにがし》という人が、私の槐山《かいざん》（クェサン）にある寓居《ぐうきょ》を訪ねてきた。

その崔某が言うには、「私は立志書《りっししょ》を読んで、この数年を過ごしてまいりましたが、いまだ好運に乗ずることもなく、児童を相手に学問を教え、わずかに口を糊して（なんとか食べていける状態で）、むなしく片田舎に埋《うず》もれたまま、六翮《ろくかく》を振るう（活躍する）機会もございません。

そこで、あなた様にお願いなのですが、ぜひ、私を日本に連れていっていただけないでしょうか。広く日本の能力ある人物と腕を交えて、その高談《こうだん》に接することで、わが才学を伸ばし、そうしたのち、この国で何かをしてやろうと考えているのです」。

私は思った。この人は、韓人《かんじん》の中にあって、傑出した人物なのではないか。彼は、社会状況の日々よくないことを見て、わが身をもって、これに臨《のぞ》もうとしているのにちがいない。その好漢《こうかん》（好男子）の志《こころざし》は、たいへん評価すべきものだ。心を開いて打ち解ければ、おおいに、この国の未来に益するのではないかと。

そこで、私は質問した。「あなた様は、今の朝鮮を太平《たいへい》とお考えですか」。

彼が答えて言うには、「廟堂《びょうどう》（宮廷）にいるのは、※小人《しょうじん》ばかりで、※君子《くんし》が才能を発揮する土壌《どじょう》ができていません。これを太平といえるでしょうか」。

私はまた質問した。「国家（朝鮮）は、すでに衰運に向かっています。憂国《ゆうこく》の士《し》は、今こそ、その力を尽《つ》くすべき時機といえるでしょう。国勢を張り、朝綱《ちょうこう》（朝廷の規律と秩序）を正《ただ》すには、どういった策をとるべきとお考えでしょうか」。

すると、彼が答えて言うには、「私は、そういった位《くらい》や立場にないので、あえて言及することはできません。不肖浅学《ふしょうせんがく》（学問の途上で、知識がない）の身ですから、どうやって、あなた様の前で説くことなどできましょうか」。

私は思った。彼は、他人の耳目《じもく》を気にして、直言《ちょくげん》することを憚《はばか》っているのだろうか。ただ、彼が胸中で考えるところは、聞くに値《あたい》するものかもしれない。そこで、さらに筆をとって（筆談で）、ゆっくりと、その思うところを吐露《とろ》させようとした。

いろいろ話しあってから、最後に彼が言うには、「私の家は、今でこそ落ちぶれているように見えますが、十代前は、※領議政《りょうぎせい》を三代つとめたのです。わが父祖のことを思いますと、血の涙がさめざめと流れるのを禁じ得ません。

私は、かつて神明《しんめい》に誓いました。生きて家名《かめい》を上げることができなければ、死んでも子孫から祀《まつ》られることはない、不祀《ふし》の鬼（無縁仏）になるしかないと。

私の志は、このように切実なものです。あなた様にお願いします。どうか、あなたがたの国にお連れ帰りください。いつか、志を得て、大廈高楼《たいかこうろう》（大きな家）に寝起きし、九鼎《きゆうてい》（りっぱな器）で腹いっぱい食べることができるようになりましたら、それもすべて、あなた様のおかげでしょう」。

ああ、私は彼を買い被《かぶ》っていたようだ。彼は、わが国を憂《うれ》える人ではなくて、わが家を憂える人だったのだ。

もっとも、家を憂えることは、なんら憂えないよりかは、ましである。しかし、国運が岌々《きゆうきゆう》として（将来が険しく）、危殆《きたい》（未曾有《みぞう》の危機）に瀕《ひん》する今日においては、家など、ただあるに等しいものであることを知らない。よどみなく話す韓人にかぎって、こういう人が多いのである。かの国には、ついに、ひとりの義士もいないようだ。

「如是江山坐付人」※。異邦《いほう》の客を迎えた私は、ただひとり、ますます袂《たもと》を湿《うるお》している（泣いている）。

彼は、すでに家を憂う心を持っている。これが、国を憂う心のもとになる。惜しいのは、井底《せいてい》に坐《ざ》している（井の中の蛙《かわず》）ために、井戸の外に広がる天が大きなことを知らない。

※敵愾の志……清国やロシアの不法な干渉を排し、真の国家独立をくわだてる意志。
※清州……チョンジュ。忠清道の中心都市。
※小人、君子……君子は、徳があり、才学のある人物。小人は、その反対語である。『論語』の中に、「君子上達、小人下達《かたつ》」という言葉がある。
※領議政……朝鮮の最高官職。
※如是江山坐付人……南宋《なんそう》の詩人、陸游《りくゆう》の詩の一節で、正しくは、「如此江山坐付人」。かくのごとく、江山《こうざん》座《ざ》して人に付《ふ》す。江は河のこと。「このように敵と戦うことなく、故郷の美しい山河をむざむざと敵に渡してしまう」の意。南宋は、金に宋の北方地域を奪われてできた。陸游は愛国者で、金に奪われた国土をとりもどすよう主張したのである。著者を訪ねた異邦の客は、自分や家のことばかりを考え、国家や社会の運命に関心を示さない。その態度を嘆いているのだろう。

日本語学校

この学校は、朝鮮政府が、日本語学生を養成するために設立したもので、京城《けいじょう》(ソウル)日本公使館の前にある。その生徒は、わずかに二十余名、教師は日本人一名である。生徒の中には、すでに日本語に熟《じゅく》し、新聞紙の内容を解読できるものが、四、五名はいるという。前途多望《ぜんとたぼう》というべきだろう。

そこで、その日本語学生が、わが国の言語をただ鸚鵡《おうむ》のようにうまくあつかうだけでなく、よく日本語に通じたうえで、広く海外の事情を知り、いつか、※朝鮮建国の英雄として、みずから任じることのできるような人物を輩出《はいしゅつ》できれば、この語学校も、わが国の※松下村塾《しょうかそんじゅく》に相当するものということになるだろうか。

わが国の人で、かの政府が顧問として雇聘《こへい》（うやうやしく迎えて雇用する）した人たちは、みな退《しりぞ》いてしまった。唯一、ここの語学校長だけが日本人である。

※　朝鮮建国……李氏朝鮮に代わる新しい国ということか。
※　松下村塾……安政《あんせい》二年（一八五五）に、吉田松陰《よしだしょういん》が開いた塾。

資本《もとで》を要しない

わが国の人で、かの国で商売を営《いとな》むものは、みな、資本《もとで》が少ないことで悩んでいる。

しかし、朝鮮は貧弱国である。資本を投下して、大きな商売を営むような国ではない。十万円の資本であっても、十分に運転させるのに苦労するほどの市場である。そのため、空拳《からて》（裸一貫）から一万円内外の小金を蓄《たくわ》えたものが、さらに利益を積《つ》んで十万円を得たとしたとしても、そこからは、よい投資先がなく、たちまち否運《ひうん》に傾くであろう。

西洋人たちは、かの国に投資する価値がないのを知っているから、貿易に従事するものも少ない。ようするに、かの国は、無資本から資本をつくろうとするものこそ、手を出すべき国なのである。

であるから、かの国にあって、資本が少ないから商売ができないとは、いうべきでない。かの支那人《しなじん》を見てほしい。一銭の資金もなくやってきて、巨財を得て帰国するものが、どれほど多いことか。

それも、ようするに、わが国の人は、気品《きひん》を高尚《こうしょう》にすることだけに執着して、行商するのは恥だ、露店を張るなんて馬鹿げている、などと、むやみに現実離れした考えを確固《かっこ》として持っているから、かえって、積財致富《※せきざいちふ》の大素願《だいそがん》を実現することを忘れている。それで、困窮《こんきゅう》に嘆《なげ》いて日々を過ごしているのであるから、愚かにもほどがあるというものだ。どうして、自身が置かれた立場を一顧《いっこ》だにしようとしないのか。

畜肉業であっても、輿丁《よちょう》（かごをかつぐ人）であっても、独立的生計を営むことに、なんの後ろめたいことがあるというのだろうか。

※　積財致富の大素願……日常の小さな利をこつこつ積みあげて富裕にいたるという、立派な願望。

朝鮮の食塩

朝鮮の食塩は、製法が、たいへん粗悪であるので、その色つやは、あたかも灰《はい》のようである。

私は、内地《ないち》を旅行するたびに、焼塩《やきしお》を携帯し、調味料として用いている。かつて、聞慶《※ぶんけい》の旅舎《はたごや》に宿泊したとき、旅舎の主人が、私の行李《こうり》（カバン）の中にあるのを見て、焼塩とは知らずに、「それはなんですか」と聞いてきた。

私が食塩だと告《つ》げると、主人は、「ひとつまみ、いただけませんか」と請《こ》うた。私は承諾し、それを与えた。主人は、ひと嘗《な》めすると、「これは薬塩《やくえん》ですね」と、深く珍蔵した（大切にしまいこんだ）。

※　聞慶……ムンギョン。慶尚道の北西に位置し、大邱とソウルを結ぶ街道上の要地。

市場

京城（ソウル）、※公州《こうしゆう》、平壌《へいじょう》（ピョンヤン）、松都《しょうと》（ソンド）などの大都会は別格《べっかく》であるといっても、その他の小都会《しょうとかい》では、市場も、ただ四本の柱を立てて、藁《わら》でその屋根を葺《ふ》いただけの粗造《そぞう》の家屋が、二、三十軒立ち並び、十六日とか二十七日とか、決まった日だけ市が開かれる。

この日には、近郷近在の商人たちが集まってきて、市場に蓆《むしろ》を布《し》き、売りたいものを陳列するのである。そして、売買には、必ずしも銭文《せんもん》を用いない。それは物々交換であり、その様子は、あたかも※神農氏《しんのうし》の時代を思い起こさせる。

それゆえ、市の立たない日には、一本の針さえ売られておらないから、食用品から日常の雑貨にいたるまで、すべて、この日に買い置きしておかなくてはならない。もし、降雨の日が続いて、なかなか晴れないときは、市場を開くことができないので、ことのほか不自由を感じることがある。

げんに、私は内地《ないち》に入ってから、※矢立《やたて》の筆を失い、これを求めようとしたが、不幸にも市日《いちび》にめぐりあわず、たいへん困ったことがあった。

※　公州……コンジュ。忠清道の中心都市。
※　神農氏の時代……中国古代の神話・伝承の時代。
※　矢立……筆と墨つぼがセットになった、携帯用の筆記具。

独立していた時代は稀《まれ》である

韓国といえば、今でこそ、どれほど衰微《すいび》する国であっても、もとは、四千年来の歴史ある国である。わが国の上代《※じょうだい》には、その開化《かいか》のもとを導いた国でもあるので、きっと見るべきものも多いだろうと思うかもしれない。

ところが、百聞《ひゃくぶん》は一見にしかず。想像よりは、実相《じっそう》（実際の姿）を見るにしかず。文物《ぶんぶつ》、制度、器械《きかい》、工芸と、どれ一つとして、今の人の鑑賞に足るものはない。私見を述べるなら、ほとんどアフリカの内地を旅行しているのと同じような思いがするのは、そもそもどういうわけだろうか。

そこで、試しに一部の朝鮮史を見て確かめると、上古《じょうこ》より今日にいたるまで、他国の覊《き》（支配による束縛）にかかわらない時代は、ほとんど稀《まれ》であった。つまり、かの国は、真に独立していたことは、なかったといっても過言ではない。

国（朝鮮）は、すでに独立国ではない。それで、人民が、どうやって力を振るおうというのか。かの国が衰微した原因は、虚政《きょせい》（実体のともなわない政治）の結果だというのが、一般の説になっている。ただし、今に限らず、こういった歴史的な関係こそ、一大原因といえるのではないか。

ああ、かの国の人よ、広く万国の事情に通じ、感涙を過去四千年の汚瀆《おせき》にそそいで（屈辱的な歴史から名誉を挽回《ばんかい》して）、みずから新立国の大計画を企《くわだ》てるものは、はたして、数百年のうちにあらわれることはあるのだろうか。水に臨《のぞ》んで、津涯《しんがい》（舟着きの岸）を失う――そういった嘆《なげ》きがある。

韓人《かんじん》は、歴史的に独立精神を消磨《しょうま》（薄れて消える）しているのである。

※　上代……平安遷都までの古代。古墳時代から奈良時代ごろまでを想定したものと思われる。

旅行者の携帯品

内地《ないち》を旅行しようとする人のために、携帯するとよい品をあげておこう。

毛布（ブランケット）、肩《かた》かけ革鞄《かばん》、手帖《てちょう》、鉛筆、キニーネ（マラリアの治療薬）、銀貨を少しばかり、護身用器具、つまり、ピストルあるいは刀剣《とうけん》、手拭《てぬぐい》、歯磨《はみがき》、石鹼《せっけん》、食塩。

キニーネは、水や土が悪いので、泥瘴熱《でいしょうねつ》（マラリア）にかかりやすいためである。銀貨は、いざというときの用意のためである。銀貨一円につき、韓銭《かんせん》八百文《もん》くらいに交換することができる。

ただし、これらは、貴族的旅行者のためのものではない。

衣服は、和服でも洋服でも、可《か》である。ただし、内地人の信用を買うには、洋服がよいだろう。

国王殿下

※朝鮮国王高宗《こうそう》は、温《おだ》やかで、親しみやすく、節度《せつど》もある。
ところが、このように君主の美質《びしつ》を具《そな》えているにもかかわらず、※寵妃《ちょうひ》がその愛を恣《ほしいまま》にした結果、※勢家《せいか》（権力を持った氏族）の跋扈《ばっこ》（のさばり）を制《せい》することができなかった。

蛙鳴《あめい》（さわがしいだけで役に立たない議論）を左右の臣《しん》に問うばかりの※晋文《しんぶん》ではないにしても、馬を指して鹿と言った※趙高《ちょうこう》は、秦皇《しんこう》（始皇帝《しこうてい》）を愚帝にしてしまった。

可《か》も唯々《いい》、不可《ふか》もまた諾々《だくだく》（可もなく不可もなく、自分の意見を言わない）。国王に奏上《そうじょう》する人の意見を、ただ聞くだけで、どうしてその内容を知ろうとしないのだろうか。今まさに、

※隴上《ろうじょう》の陳勝《ちんしょう》が、兵を集めて起《た》とうとしているのに。

※川上中将《かわかみちゅうじょう》が、かつて王に謁《えっ》したのち、人に語ったのには、「王（朝鮮国王）の性、王の質、これを欧米の諸王のあいだに持ってきても、ほとんどひけをとらない」と。

王の人となり、まさにこのようなものである。しかし、政権上の権力がひとたび下移《かい》（臣に移行）すれば、主権は、もはや上（王）にはない。これは、まさに今の朝鮮がおかれた状況ではないだろうか。三寸《さんずん》の真像《しんぞう》（わずかながらの真の姿）からも、王の平生《へいぜい》（日常のぼんやりとした存在）を彷彿《ほうふつ》とさせるに足るものである。

※　朝鮮国王高宗……コジョン。第二十六代国王（在位一八六三―九七）。開化派と守旧派が対立し、混乱する国内の収拾に苦慮《くりょ》した。

※　寵妃、勢家の跋扈……高宗の時代、とくに宮廷では、皇后である閔妃《びんひ》一族（閔氏）の勢力と、国王の父である大院君《だいいんくん》の勢力とが対立していた。高宗が閔妃を寵愛するあまり、その一族の影響力拡大を許したことで、一八八二年、大院君が主導する壬午《じんご》事変が起こる。これにより、日本公使館が襲われ、十数人の日本人が殺害された。そのうえ、閔妃の要請を受けた清《しん》の軍事介入を招き、大院君は幽閉の憂《う》き目にあう。一八九五年、日本が清との戦争に勝利すると、その後に閔妃が暗殺される

という事件が起きた。一八九七年、高宗が大韓帝国《だいかんていこく》を建設し、初代皇帝となったが、一九一〇年の日韓併合によって、その短い独立は潰《つい》えた。
※晋文……晋《しん》の文公《ぶんこう》（紀元前六九六―六二八）。ただし、これは、西晋《せいしん》の恵帝《けいてい》（二九〇―三〇六）の誤りだろう。恵帝は、愚帝《ぐてい》の最たるものとされ、『十八史略《じゅうはっしりゃく》』に、「華林園《かりんえん》に蛙鳴を聞く」の故事がある。
※趙高……秦の始皇帝に寵愛され、権勢を得る。ある日、趙高は、宮廷に鹿を連れてくると、「珍しい馬を見つけました」と述べた。このとき、その嘘に同調するものと、異論をはさむものとを見極め、異論者を粛清《しゅくせい》したという。
※攏上の陳勝……秦の末期、劉邦《りゅうほう》（前漢《ぜんかん》の初代皇帝高祖《こうそ》）らに先がけて反乱を指導した。隴上《ろうじょう》（攏上）とは、畑のわきにある土手の上。農民であった陳勝が、ここで将来の展望を語ったところ、仲間はそれを一笑に付した。このとき、陳勝が口にしたのが、「燕雀《えんじゃく》、いずくんぞ鴻鵠《こうこく》の志《こころざし》を知らんや」（大きな鳥の志を、どうして、小さな鳥が知ることができようか）。
※川上中将……川上操六《そうろく》（一八四八―一八九九）。日清戦争で活躍後、陸軍大将、参謀総長となる。

東学党《とうがくとう》の首魁《しゅかい》と逢《あ》う

昨年四月下旬ごろのことである。黄海道《こうかいどう》に旅寝《たびね》して、※瑞興《ずいこう》の客舎《はたごや》に宿泊したとき、驢馬《ろば》に乗った二人の旅人が、戸を押して、私の部屋に入ってきた。

ひとりは、年のころ、六十数歳で、半白《はんぱく》（白髪まじり）の老人である。もうひとりは、四十四、五歳だろうか、まばらな髭《ひげ》を蓄《たくわ》えた人である。ともに、二重笠《にじゅうかさ》を戴《いただ》き、美しい薄《うす》青《あお》色の外套《がいとう》を被《かぶ》り、その立《た》ち居《い》振《ふ》る舞《ま》いのしとやかなさまは、けっして、一般の市民ではないようである。

当初は、私を見て不審《ふしん》そうな顔をしていたが、やがて、何ごとかを説《と》きだした。しかし、かの国の言語に慣れない私には、何を言っているのか、いっこうに通じない。彼らは、もどかしく思ったのだろう、指先で蓆《むしろ》の上に何ごとかを書いた。

ふと見ると、「あなた様はどちらの国の人ですか」という問いのようである。私が日本人であることを、彼らが知らないわけはないだろうが、何か気がかりでもあって質問したのだろうかと思いながら、とりあえず、「私は日本人です」と答えた。

彼らは、怪《あや》しむかのように、また質問した。「日本人は髭を剃《そ》り落とす習俗であるのに、あなた様は、何ゆえにそれを蓄えているのですか」。当時の私のいでたちは、洋服をつけ、眼鏡をかけて、釜山（プサン）や京城《けいじょう》（ソウル）では見慣れない様子だったので、そのように尋《たず》ねたのだろうか。

私は、かつて聞いたことがある。この国では、貴人が、おおいに一般市民を卑《いや》しむと。というわけで、この問いは、私にとって幸いであった。髭があることによって高貴な人に見えるということで、彼らの十分な信用を買うことができたからだ。数※十日の旅の憂《う》さを、この一夕《いっせき》で晴らすことができたのである。

そこで、笑って答えたのには、「わが国の習俗では、一般市民が髭を蓄えることはありません。ただ、※士人《しじん》のみが蓄えています」と。

彼らは、私の答えを得ると、私の顔をまじまじと眺めた。そして、たがいに何ごとかを語りあいながら、行李《こうり》（カバン）の中から筆と紙をとりだした。私が士人だと言ったことで、多少は漢文がわかるものと知って、筆談《ひつだん》を試みようとしたためである。

たがいに、姓と字《あざな》を交換し、初対面の礼も終わり、彼らがおもむろに説きはじめたことには、「あなた様は、隣国の士人であられます。思いますに、きっと史籍《しせき》（歴史書）にも多く接しておられるでしょう。よく存じないので教えていただきたいのですが、あなたがたの国には、※壬辰《じんしん》（一五九二年）のことで、わたしどもの国を敵視しておられる人が多いのではないでしょうか」と。

壬辰のこととは、まさしく、太閤征韓《たいこうせいかん》の役《えき》（文禄《ぶんろく》の役）をいう。

私は、心の中で思った。壬辰の役では、わが国が大勝、かの国は大敗したのである。大勝した国の人が、大敗した国の人を敵視する理由はないし、むしろ、私たち日本人は、この勝利を空前《くうぜん》の大快事《だいかいじ》としている。というわけで、この質問は、私の予想外にあるものだった。

彼らは、もしや、わが軍を破ったものと思っているのではないだろうか。この聞きまちがいは、たいへんおかしな話である。

私はすぐに筆をとり、「壬辰の役では、八道《はちどう》（朝鮮全土）の草木《そうもく》ことごとくが、わが軍に蹂躙《じゅうりん》されました。わが軍は全勝しています。勝っている側のものが、どうして恨《うら》みを今日まで懐《いだ》いているというのでしょうか」。

彼らは、たいへん不平に感じたようで、すぐに筆をとり、全羅道《ぜんらどう》の沿海や慶尚道《けいしようどう》東部の戦況について、※はなはだ詳《つまび》らかに説いた。そして、ついに言うには、「あなたがたの国では、この歴史を忌《い》んで（不吉とし、遠ざけて）、事実を伝えていないだけではないですか」

と。

私は、寡聞《かぶん》にして征韓史をよく知らない。それでも、小西行長《こにしゆきなが》や加藤清正《かとうきよまさ》らの全軍が、釜山に上陸し、破竹《はちく》の勢いで慶尚・忠清《ちゆうせい》の二道の中央部を突破し、その後、京城入りした顚末《てんまつ》を説いて、おおいに彼らの誤解を正した。

そして、言った。「朝鮮と日本で歴史を伝えるところは同じではないようです。ここで、どうか、事実に照らしあわせようではありませんか。

あなたがたの国が、勝ったとしましょう。それなら、どうしてわが軍が、長距離を進軍して八道を、まるで無人の地を行くかのように、蹂躙できたのでしょうか。また、どうして、二人の王子を捕虜にすることができたのでしょうか。

それから、もし、わが軍が敗北したというのでしたら、あなたがたの国は、何を苦しんで明《みん》に援《たす》けを求めたのでしょうか。何を苦しんで畿内《きない》（都域）から逃《のが》れたのでしょうか」。

彼らは、私が書いたものを見終わって憮然《ぶぜん》とした。これまでは、私が一語を書き終えるたびに、たがいに何かと口数多く語りあっていたが、このときは、口をつぐんだまま、顔を赤らめ、斜めから私をじっと睨《にら》みつけ、たがいに顔を見あわせて黙りこくっていた。彼らの心の中には、明らかに忿《いかり》の色がふくまれていた。

しばらくして、彼らは筆を潤《うるお》すと、「それは、嘘です。嘘です。もし、その話が真《まこと》であるなら、あなた様も敵国の人だということになるではありませんか」。

彼らは、思ったとおり、忿怒《ふんど》を筆の端《はし》に露出させたのだった。彼らは、はじめて私を見たときより、いまだ笑《え》みを示してはいなかった。思うに、彼らが私のことを快く感じていないのは、このときに始まったものではなかった。私が日本人であることを告《つ》げたときから、彼らには、私を憎む感情が引き起こされていたのである。

ああ、彼らには、敵愾《てきがい》（敵国への反撥《はんぱつ》）の気概《きがい》がある。慷慨《こうがい》（不正などに憤《いきどお》り、嘆く）の志《こころざし》がある。やはり、一般の韓人《かんじん》ではなかった。韓人の中でも傑出した人たちなのである。

ここで、私は言った。「そもそも、隣国の関係というものは、和睦《わぼく》することもあれば、戦うこともあるのです。どうして、壬辰のことだけをもって、私どもの国を敵視する必要がありましょうか。

あなたがたの国が、このことをあげて私どもの国を恨むというのでしたら、私どもの国も、同じようにあなたがたの国を恨むものがあるということでしょう。たとえば、元《※げん》の軍が来寇《らいこう》したときには、あなたがたの国がこれを導いたのではありませんか。また、あなたがたの国は、かつて対馬の住民を鏖層《おうと》（みなごろし）したのではありませんか。

とはいっても、これらのことは、すべて過去の事蹟《じせき》にすぎません。今さら、とりたてるべきことではないでしょう。ましてや、今は、東亜《とうあ》（東アジア）の危急《ききゅう》のときです。あなたがたの国は、まさに小国であって、強大な清国とロシアのあいだに挟《はさ》まれ、兵は弱く、国は貧しいのです。その状況は、いっそう岌々《きゅうきゅう》として（険しく）、まさに危殆《きたい》（たいへんな危機）のときにあるのではないでしょうか。

古い言葉に、輔車相依る《※ほしゃあいよ》――、また、唇亡《しんほろ》べば歯寒《はさむ》し――とも言います。あなたがたの国にとって、私どもの国は、実際に輔車唇歯《ほしゃしんし》の国ではありませんか。

まちまちの過去の事蹟にとらわれて、東亜万年の策を誤るものは、哲人《てつじん》（見識のある人）とはいえないでしょう。

あなたがたの国の廟策《びょうさく》（朝廷の政策）を見ておりますと、溝《みぞ》を清くして、塁《るい》を高くするような（軍事的な守備を固める）策はなく、今日は清に依《よ》って、明日はロシアに依っています。

自屈自卑《じくつじひ》です。かろうじて、強秦《※きょうしん》の庇護《ひご》に依って、列強のあいだで安全を保とうとしているかのようです。

ああ、清やロシアなどの国が、あなたがたの国の文明を助長し、その兵備を固くして、その財力を増進するのに、力を尽くした形跡はあるでしょうか。

頼むべきでない相手に頼んで、依るべき相手に依っていません。このような状況が続けば、数年もしないうちに、あなたがたの国は、彼らの勢力に呑《の》みこまれてしまうのではないでしょうか」と。

つらつらと事実を論じ、碧眼児《へきがんじ》（ロシア）が信用ならないことを説き、清国の正朔《※せいさく》を奉《ほう》じることが愚かであるのを嘲《あざけ》り、暗《あん》に、わが国を頼りにすべきであることを告げた。

私の言《げん》を聞いた彼らは、冷ややかであった。そのさまは、あたかも、私のことを、詭弁《きべん》（こじつけの論法）を弄《ろう》する説客《※ぜいかく》風情《ふぜい》とでも思っているかのようだった。

そして、彼らは言った。「あなたがたの国と私どもの国が、どうして、輔車唇歯の関係を有《たも》つというのでしょうか。

ご覧《らん》なさい。淼漫《びょうまん》（はてしなく広がる）とした水が、両国のあいだを画《かく》して、万里を隔《へだ》てています。清やロシアとは、壌《つち》（陸地）を接して、国境を交《まじ》えているのです。その関係には及びますまい。あなた様の言では、遠いものを近いとし、近いものを遠いとしています。根本的に誤っています。

しかも、私どもの国の、清国に対する関係は、実に※再嫁《さいか》の婦《ふ》といえるものなのです。私どもの国は、かつて、明朝《みんちょう》に朝貢《ちょうこう》し、みずから藩《はん》と称し、臣《しん》と号して（冊封《さくほう》関係を結んで）このかた、明朝は、私どもの国を、まるで、慈母《じぼ》がその子に向けるかのように待遇し、ともに喜びと悲しみを共有してきたのです。明朝への恩義の高いこと、そして、深いことは、※泰山渤海《たいざんぼっかい》も及ばないほどです。

残念なのは、大明《だいみん》の末運《まつうん》です。※南風《なんぷう》は振るうことなく、ついに※社稷《しゃしょく》をあげて※蕃人《ばんじん》の手に落ちてしまいました。わが朝（朝鮮）も、義兵をあげて、清に立ち向かったのですが、いかんせん兵力の差は大きく、相手にはなりませんでした。

※丙子《へいし》の大敗によって、恨みを呑《の》みこんで、むなしく蕃人の正朔を奉じてきましたが、これを、どうして、進んで受けいれたものといえましょうか。あたかも、壮婦《そうふ》（年盛りの女性）が、その夫を失って、再婚するしかなかったようなものです。

これも、清の勢いを止めることができず、そのようになったのですが、それでも、有志の徒《と》であるかぎり、夢寐倏忽《むびしゅっこつ》（夢を見ているかのように年月が速く過ぎる）のあいだも、どうして、※崇禎《すうてい》の二字を忘れることができましょうか。

かえって不可解に思うのですが、あなたがたの国は、堂々たる※徐市《じょふつ》の末裔《まつえい》でありながら、何を苦しんで、西洋の臣隷《しんれい》（家来）となり、その正朔を奉じ、※腥膻《せいせん》を学ぼうとするのでしょうか。ようするに、あなた様が言われることは、自身の臭《にお》いに気づかずに、他人の臭いをあげつらう（目くそが、鼻くそを笑う）ようなもので、たいへんおかしなことなのです」。

私が、せっかく※蘇秦《そしん》を気どり、彼らを説き、心服《しんぷく》させるつもりであったが、彼らは私に耳を貸さなかった。このことは、私にとって※円枕《えんちん》の苦行《くぎょう》ではなかったが、彼らも彼らである。唇歯輔車の論は、最初から笑って相手にしなかった。そのうえ、わが国を徐市の末裔と称した。

彼らが時勢に通じず、事情に疎《うと》いのは、多くの場合、このようなものである。それから、自身に丈夫《じょうぶ》（しっかりしたもの）を持っておらず、事大《じだい》を国是《こくぜ》と考え、清国に対しては再嫁の婦であるという。その憐《あわ》れむべき心情に、私は思わず失笑したのである。

それにしても、彼らの言の後段では、意外な内容があって、私をたいへん驚かせた。彼らは、なんの根拠をもって、わが国を西洋の臣隷とし、その正朔を奉じるものと、決めつけたのか。私は、疑問の中に首をかしげていた。

そして、しばらくのち、その意図を悟《さと》ったのである。わが国が、明治維新以来、暦日《れきじつ》・制度《せいど》・法律《ほうりつ》の大本《おおもと》から、末《すえ》は家屋や衣服にいたるまで、西洋に擬《ぎ》したのだが、彼らは早計《そうけい》にも、その外形だけを見て、西洋の属国と断定したのである。

はたして、彼らは再び筆をとって、「私どもの国は、清国の正朔を奉じておりますが、衣冠《いかん》（宮中の正装）は、今も、明の古制《こせい》を変えることなく守っているのです」と、書き加えた。

私は、おおいに、彼らの意を理解することができた。日ごろより、極端な西洋模倣を気にくわないと心に懐《いだ》いてはいたが、そのことを、彼らの筆によって正面から言い切られたのを恥じた。今、私が着ている衣服も、和服であったならと、思いつづけたのである。

ところで、彼らは、なんの根拠をもって、わが皇室を徐市の後裔であるなどと叫んでいるのか。これは、憎むべき説である。感情を激発させた私は、至誠《しせい》（真心）をこめて、これを論駁《ろんばく》したのである。

彼らは理解してくれた。私もまた、心を打ち解けた。彼らの話をよく聞けば、案外《あんがい》な慷慨家《こうがいか》（不正に対して義憤にかられる人）であった。自我《じが》の観念《かんねん》（思いこみ）が強すぎる人ではあるが、崇禎の二字を口にしているのを見れば、事大の悪弊《あくへい》が一般的な中にあって、変則的《へんそくてき》といえるほどの識見家《しきけんか》であった。

惜しむべきは、文字《もんじ》（学識）があるのに比べて、時勢に通じず、事情に疎いことだろう。とはいえ、彼らは、韓人の中では傑出した人物である。

わずかな談話にも多くの時間が必要なのが、筆談である。時計を見れば、すでに夜中の一時を過ぎていた。彼らは、そろそろ眠りにつきたいという。私もまた、数十日の旅行で疲労が重なり、これ以上の談話をする力もなかった。ともに枕を並べて眠りにつく。

時間が足りず、言葉がよく通じないため、彼らの十分な理解を得ることができなかった。このことは、深く遺憾《いかん》とするところであった。

翌朝、袖《そで》を分《わ》かつときに、彼らは紙切れに、

慶尚道尚州南面居　徐丙学※

同　聞慶邑内居　朴仁炳

と書いて、私に与えてくれた。何ごとかの言葉も添えてはいたが、理解できなかった。きっと、「訪ねてきてください」と言ったのだろう。私も、これにうなずいて、別れたのである。

のちに、※東学党《とうがくとう》という集団が蜂起《ほうき》し、人心を騒擾《そうじょう》したという、韓廷《かんてい》の報告を見た。そのときに、ふと、徐丙学の字が目にとまったのである。以前の筆談のことを思いだし、くわしく読んでみると、彼は、忠清道《ちゅうせいどう》の報恩（ポウン）というところを本拠とする東学党の首領であって、厳しく物色《ぶっしょく》して（捜《さが》しだして）、獄につなぐようにという政令であった。

ああ、彼は、慷慨の志、敵愾の気に駆《か》られるあまり、ついに、不平軍の主領となってしまったのか。六十余歳の老爺は、実に、かの国の※武田耕雲斎《たけだこううんさい》というべきであろう。かさねがさね惜しむべきは、彼が時勢に通じず、事情に疎いために、ただなんとなく外国人を敵視してしまい、本当の敵である虎狼《ころう》（強欲で残忍な連中）が廟堂《びょうどう》に横たわっている（朝廷の内側で安住している）ことを知らないことだ。

朴仁炳のほうは、今どうしているのか、消息は知らない。

※瑞興……ソフン。現在は北朝鮮に属する瑞興郡。

※数十日の旅の憂さ……旅先で、不本意ながら、髭を剃れずに伸び放題でいたということか。

※士人……日本国内に限れば、士族（武士）階級であるが、もっと広く、上流階級と見るべき。朝鮮でいうところの両班、中国の士大夫に相当するものと表現したのだろう。

※壬辰のこと……豊臣秀吉による文禄《ぶんろく》の役。朝鮮では、壬辰倭乱《わらん》という。

※はなはだ詳らかに説いた……李舜臣《りしゅんしん》ひきいる朝鮮水軍が、日本海軍を破った閑山島海戦《かんざんとうかいせん》など、一部の局地戦の勝利についてのみ、こと細かく説明したものか。

※元の軍が来寇……鎌倉時代中期の元寇《げんこう》。蒙古《もうこ》襲来。「あなたがたの国がこれを導いた」は、このとき、高麗《こうらい》水軍が水先案内をつとめて侵攻したことを指す。厳密にいえば、高麗であって、朝鮮ではない。

※輔車相依る……「輔」は、頬骨《ほおぼね》。「車」は、下顎《したあご》の骨。お互い、切り離せない関係にあること。唇歯も同意。

※強秦……鳥が貝の実を食べようとしたとき、貝は殻《から》を閉じ、鳥のくちばしを挟《はさ》んだ。おたがいが譲らず膠着《こうちゃく》しているのを見た漁師が、鳥と貝の両方を捕獲してしまう。この「漁夫《ぎょふ》の利」の故事は、燕《えん》と趙《ちょう》が争って、お互いが疲弊《ひへい》するあいだに、強い秦《しん》が、燕と趙の両国を支配するおそれがあることのたとえである。著者は、清やロシアのような強国は、かつての秦のように、数年をおかずして、朝鮮や日本を支配する下心を明らかにするものと考えた。

※正朔を奉じる……暦《こよみ》を用いること。つまり、清の暦を用いることで、清の支配下におかれていること

とをあらわす。

※説客……諸侯のあいだをめぐり、みずからの考えや策を売る人。

※再嫁の婦……再婚女性。明という前夫を失ってのち、清という現夫に嫁《とつ》いだ。

※泰山渤海……気高い山、深い海のたとえ。泰山は、中国を代表する聖山。渤海は、黄海《こうかい》の北方、現在の北朝鮮と山東《さんとう》半島に囲まれた湾域。

※南風……南明《なんみん》の風。南明は、明（大明）が一六四四年に滅亡後、その遺志を受けつぎ、南京《なんきん》で建国されたが、十七年後に亡んだ。

※社稷……「社」は土地神をまつる施設、「稷」は農業神をまつる施設。あわせて国家の祭政、国家そのものをあらわす。

※蕃人……明を漢民族の手になる正統の王朝とすれば、清は、満州族による蕃人の王朝ということだろう。

※丙子の大敗……明に代わった清は、その勢いで、丙子（一六三六年）、朝鮮半島に侵入した。朝鮮は、いったんは抵抗を見せるが、あえなく大敗。清の冊封《さくほう》体制の中に組みこまれ、屈辱的な隷属《れいぞく》を強いられた。

※崇禎の二字……崇禎は、明が亡んだときに用いていた最後の年号。朝鮮はこれを引きつぎ、崇禎元年から数えて「崇禎紀元後〇年」という年号表記を用いるようになった。

※徐市の末裔……徐市は、徐福《じょふく》ともいい、秦の始皇帝の命で、蓬萊《ほうらい》にあるという不死の仙薬《せんやく》を求めて東海に船を出した。徐市の船がたどりついたのが、日本で、その到着地を物語る伝説が、各地に残

されている。徐市はそのまま住みつき、故国には二度と帰らなかった。著者が会った朝鮮の士人によると、その末裔が天皇家であるという。

※ 腥膻……生臭いもの。西洋文明のたとえ。

※ 蘇秦……中国戦国時代の説客。強い秦に対抗するために、周辺の諸国による合従連衡《がっしょうれんこう》を説いた。

※ 円枕……寝る間も惜しい受験生が用いた丸木の枕。転がりやすくできており、寝ても、すぐに目覚めることができる。まるで、これを用いて寝ているような苦行だということだろう。

※ 徐丙学……徐丙鶴か。「学」と「鶴」は、ともに、同じ読み（ハク）である。東学の中心的人物であるが、首魁や首領ではない。

※ 東学党の蜂起……東学は、朝鮮末期に登場した思想。儒教とも、キリスト教とも異なる教理をもって、わかりやすく、農民層にも浸透していった。かねてより、地方役人の横暴などを理由に、農民の反乱は絶えなかったが、一八九四年、東学の二代目教祖が武力蜂起すると、これに呼応して、全国の農民が立ち上った。甲午《こうご》農民戦争ともいう。

※ 武田耕雲斎……水戸《みと》藩の尊王攘夷《そんのうじょうい》派。天狗党《てんぐとう》の首領として挙兵し、幕府の追討軍によって殺された。挙兵をはやる仲間たちを抑《おさ》えることができず、行動に移すこととなった。

不正な課税

※海関税《かいかんぜい》を支払って輸出入した物品に、再び内地《ないち》で税金を課する理由はないはずである。ところが、実際のところ、わが国の商人は、この不当な税を徴収されようとしているのである。

二、三年前までは、ところどころに徴税所があって、内地の商人に、少なからぬ妨碍《ぼうがい》を与えていたが、今は、京畿道《けいきどう》では※金川《クムチョン》郡助浦《じょっぽ》、慶尚道《けいしょうどう》では※梁山《やんさん》郡浣洞《たんどん》のみと定められた。そこの集税官は、徴税所を受け負うのに、毎月二貫《かん》五百文《もん》を朝鮮政府に上納する約束を交わし、他の収入は自身の取り分とする。

今、その課税は、左のようなものである。

米一俵　一石五斗入　五十文
小麦一俵　同　五十文
大豆一俵　同　五十文
唐木《とうぼく》（金巾《かなきん》）一負　十二叺《かます》　三十文

大麦一俵　三十文
牛皮一負　三十文

もし、私たちがこれを納めなければ、圧制《あっせい》（権力を用いて強制すること）にも、その荷物を没収し、あるいはその船舶《せんぱく》ごと、とりあげるなど、まったく悪逆無道《あくぎゃくむどう》のかぎりである。

わが国の人が、その課税は、日韓条約《にっかんじょうやく》に違背《いはい》するということを詰問《きつもん》すれば、集税官は、「私は、わが政府の命を受けて徴税しているのだ。徴税できれば、没収はしない。もし、これが不当・不法というのであれば、この場ではなく、政府に訴えてほしい。私の関するところではない」と言う。

私たちがこれに従わず、断固たる態度で応じないときは、荷物の売買主を物色して（捜しだして）、彼にそれを支払わせる。そうすると、荷物を売買するものは、大きな迷惑を蒙《こうむ》ることになるから、結局、税金を支払わない日本人とは、売買しないということになってしまう。

というわけで、内地で広く商売を営《いとな》む以上、顧客を失うことを恐れ、渋々《しぶしぶ》この不当な税金を支払うしかない。

※　海関……朝鮮が港に設けた税関。初期には、釜山《ぷさん》、仁川《じんせん》（インチョン）、元山《げんざん》（ウォンサン）の三港にあった。

※　金川郡助浦……京畿道が、朝鮮戦争後に分断されたことによって、現在は、北朝鮮の黄海北道に属している。開城《かいじょう》（ケソン）に入るための港であると思われ、江華島の北方に位置する要所。

※　梁山郡浣洞……釜山の北方にある。

喪人《そうじん》

粗末な布の衣をつけ、草鞋《わらじ》を履《は》き、竹笠を戴《いただ》き、棒きれの端《はし》に布を縫《ぬ》いつけたものを両手に持ち、市街を徘徊《はいかい》するものは、親戚の喪中《もちゅう》にある人である。

居喪《きよそう》（喪に服す期間）の長短は、亡くなった人の血縁関係の遠近によって、一定の規則がある。両班《りようはん》（ヤンバン）には、喪中は、市場に出ない習慣がある。

鳥嶺《ちょうれい》

※鳥嶺《ちょうれい》は、忠清《ちゅうせい》・慶尚《けいしょう》両道の境界に跨《またが》る高山である。まさに、「※三千鳥道《さんぜんちょうどう》、九曲羊腸《きゅうきょくようちょう》、樹木鬱蒼《じゅもくうっそう》、豺狼来往《さいろうらいおう》」の地である。

その山中、渓谷に臨《のぞ》んで構《かま》えられた小さな亭《てい》がある。ここは、慶尚道の※監司《かんし》が新旧交代するとき、たがいに印綬《いんじゅ》を交換する建物である。

亭中には、※墨痕淋漓《ぼっこんりんり》が残っている。これは、いずれも※行客《たびびと》が冤《えん》（ぬれぎぬ）を訴えた筆跡である。たとえば、「済州牧使《さいしゅうぼくし》李億吉盗賊也、月徴民財五千両式、民何以生活」、「金海府《きんかいふ》使《し》閔泳裕、虐下民無所不到」など、だいたいが、このようなものだ。

注記しておくと、鳥嶺は、八道《はちどう》（朝鮮本土）第一の要害《ようがい》で、※一夫《いっぷ》が道に当れば、万夫を障《ふせ》ぐという地である。関門は、主屹（チュフル）、鳥東、鳥嶺の三カ所ある。

ここで昔の話をすると、小西行長《こにしゆきなが》は、聞慶《もんきょん》（ムンギョン）を壊滅して、たちまちこの険を抜き（険しい道を抜け）、串《くし》に差しつらねられた魚のように、多くの将兵が列をなして逃げていくのを追って、忠州（チュンジュ）に入った。※本邦《ほんぽう》（日本）、最も得意の地。

※鳥嶺……チョリョンサン。標高一〇二六メートル。聞慶（ムンギョン）と忠州（チュンジュ）の中間、つまり、釜山から京城（ソウル）に向かう街道ぞいに位置する。
※三千鳥道、九曲羊腸、樹木鬱蒼、豺狼来往……長く険しい道のさま。延々と鳥しか通わないような細い道、ぐねぐねと羊の腸のように曲折し、樹木が鬱蒼と茂り、ときおり山犬や狼が顔を出す。
※監司……観察使。道の長官。
※墨痕淋漓……筆で書かれたものが、生々しく、したたっているさま。書かれて間がないということだろう。
※行客が冤を訴えた筆跡……例にあるとおり、済州牧使や金海府使など地方官の圧政を訴えたことで、追放されたり、聴取のため京城に連行されたりした人が、ここに来る新しい監司に、無実を訴えているというのだろう。
※一夫が道に当れば、万夫を障ぐ……一夫が、関《かん》に当れば、万夫も開くなし。あまりの険しさゆえに、一人でこの関を守っても、万人がこれを破ることができない。
※本邦、最も得意の地……日本は山がちの地なので、こういった山岳戦に長《た》けているということか。

天災

旱魃《かんばつ》や水害などの天災が続くときは、村民たちが隊を組んで、高山の頂上に登り、草木を焚《た》き、天に祈《いの》る。それでも、天災が止《や》まなければ、県《※けん》・郡《ぐん》・府《ふ》・牧《ぼく》の長官が、犠牲《いけにえ》を供《そな》えて神に祈禱《きとう》する。犠牲には、多くは豚《ぶた》、もしくは羊の肉を用いる。また、疫病《えきびょう》が流行したようなときには、盛大な儀式を設《もう》け、より多くの犠牲を捧《ささ》げる。

※　県・郡・府・牧……道の下にある行政区画。県がもっとも小さな行政区。

気楽《きらく》

わが国の大工であれば、半日もかけずにできるような仕事も、かの国の大工は、三、四日も費《つい》やすのが、常である。

交通は頻繁《ひんぱん》ではなく、生存すら困難。そんな、かの国の現状と向きあえば、あえて深く咎《とが》めるべきではないのかもしれないが、私たち日本人の目から見ると、その作業の気楽《きらく》ぶりは、腹立たしくも、呆《あき》れることが多いのは、無理からぬことであろう。

かの国の人は、たいへんな煙草《たばこ》好きである。三尺もあるような煙管《きせる》を、行《ぎょうじゅうざ》住座臥《が》・作《さく》

（風呂場でも長煙管を喫するさまは、韓人の気楽さの象徴か）

止語黙《しごもく》（四六時中《しろくじちゅう》）のあいだにも手放すことなく、田を耕《たがや》すにも、物を運搬するのにも、必ずといって、これをくわえているのは、かの国の人の一般的な習慣なのである。

とくにおもしろいのは、日本人居留地へ沐浴《もくよく》に来るときでさえ、湯の中で喫煙していることだ。お気楽も、沙汰《さた》のかぎり（論外）というべきだろう。

かの国に長く住む韓人の具然寿《ぐねんじゅ》という人が、かつて私に言うには、「わが国の人民が、長い煙管を持って道を行きながら、煙草をふかしているうちは、国運の再興はとうてい望みがない」と。これは、もっとものの言《げん》であろう。

長い煙管を愛する国民に、進取の気性《きしょう》がないのは、古今東西、どこにあっても同様であると思う。

釜山《ぷさん》での、かの国の婦人

三港（釜山・仁川・元山）、京城《けいじょう》（ソウル）といった日本人居留地の中で、韓婦人《かんふじん》が入らないのは、ただ釜山だけである。釜山は、かの国の最古の開港場であって、その歴史は、わが封建時代（江戸時代）以前にまで遡《さかのぼ》り、わが国の人との交渉も、最も古い土地である。

それなのに、どうして、かの国の婦人がこの居留地に入らないのかといえば、封建時代に、はじめてかの国に滞留《たいりゅう》した日本人が、片っぱしから、彼ら婦人をとらえて強姦したからだという。

今や、こういった歴史は過去のものとなり、かの国の人は、わが人情に触れ、その婦人たちもまた、わが国を避けるような感情はない。願うところは、彼ら婦人をこの居留地に導くための法を設《もう》け、過去の汚痕《おこん》を長く後世に伝えないでほしいということだ。

最近、吉報を得た。というのは、釜山総領事が直談判《じかだんぱん》して、釜山の監理使が左のような掲示を市邑《しゆう》（市街と村）に貼《は》りだした結果、※大婚《たいこん》式日に※龍頭山《りゅうとうざん》で催行《さいこう》される　※両陛下への遥拝《ようはい》式場には、一千余人の韓人《かんじん》が入場したという。

掲示

右掲示事、日本界内、如有我女人観光、無端辱説甚不当、

切勿悪言相加、当宜者。

（日本居留地内に、わが邦の女人の観光するものがあるが、理由もなく、これをののしることは、た

いへん不当なことである。けっして、悪言を加えることがあってはならない）

「無端辱説甚不当」とは、日本人居留地に入った韓人婦女を、他の韓人仲間が辱説《じょくせつ》する（ののしり、はずかしめる）ことを禁じたものである。また同じ日に、左の掲示を出した。

甲午（一八九四年）二月初一日　朝鮮観察署

掲示

右掲示事、日本人出入之路、我人男女老少、無端詬罵、実属怪戻、切勿如是、当宜者。

（日本人が出入りするところを、わが国の老若男女が、不当にののしることは、まことに凶暴で、道理に反する。けっして、このようなことがあってはならない）

わが国の人も、居留地以外の市邑に入れば、往々にして、韓人から、聞くに堪《た》えない侮辱を浴《あ》びせられるのが常であった。釜山の近傍《きんぼう》では、この掲示より、侮辱の言《げん》を聞かなくなったであろうか。

そこで、広く全国八道に発令して、わが国の人が、「ワイノム、トン、モコラ（倭奴《わど》よ、糞《くそ》を食《くら》え）」などという詬罵《こうば》（ののしり）と、土や石などを投げつけられるなどの悪戯《あくぎ》を止めさせ、両国の善隣《ぜんりん》の道が講じられたら、と願う。

※　大婚式日……一八九四年（明治二十七）三月九日に催された、明治天皇・皇后両陛下の結婚二十五周年式（銀婚式）。

※　龍頭山……釜山市内にある小高い山。

※　両陛下……原文では「両陛下」の前の一字を余白としている。これを闕字《けつじ》といい、天皇・皇后に敬意を示すための文章作法である。原文のニュアンスを尊重し、そのままにした。

巾着《きんちゃく》

韓人《かんじん》は、その腰まわりに、必ず二、三個の巾着《きんちゃく》を下げているのが、常である。ひとつは、煙草《たばこ》を入れるもの、ひとつは、賭博《ばくち》の道具を入れるもの、もうひとつは、奴鏡《やっこかがみ》、鬢《びん》かきべら（耳もとの髪をととのえるもの）、煙管《きせる》の烟脂《やに》とりなどを容《い》れておく。

彼らには、たいへん容姿《ようし》を飾る癖《くせ》がある。四六時中、暇さえあれば、鏡をのぞいて鬢のほつれ毛を直している。本邦《ほんぽう》（日本）の居留地民は、彼らの腰まわりのものを、韓人の七

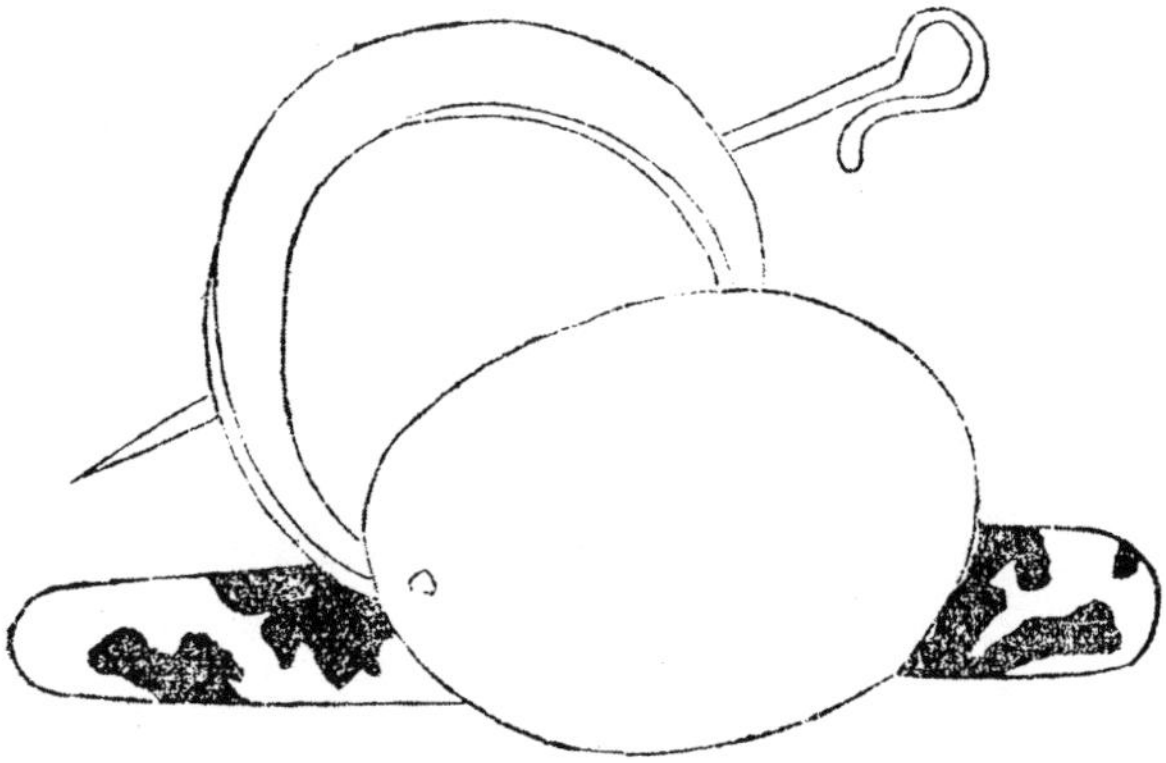

（韓人の七つ道具のうち、奴鏡、鬢かきべら、煙管の烟脂とり）

ツ道具と称している。

盗賊

草賊《そうぞく》（おいはぎ）が多いのは、旅行者が常に憂《うれ》えるところである。組織立って、道のそばで旅人を待ち、これを恐嚇《きょうかく》して、その腰纏《ようてん》（腰にさげた金目のもの）を奪う。また、人家《じんか》をおびやかして財宝《ざいほう》を掠《かす》めとる。これの最も多い季節が、冬である。

とはいえ、草賊の害はまだ小さく、憂えるに足りない。なぜかといえば、韓銭はたいへん重く、どれほどの剛力であっても、背負っていけるのは、せいぜい十貫文《かんもん》ほどであるからだ。

海賊もまた多い。ところが、海賊のほうは、草賊のように、わずかな財銭《ざいせん》を奪われて足りるものではない。そして、その徒党は、たいへん数多くいる。

彼らは、昼間のうちは、漁船や商船に混じって他船の動静《どうせい》をうかがい、財物を多く積《つ》んでいそうな船を見つけると、ひそかに、そのあとをつけていき、機を見はからって、その船に乱入する。そして、舟子《ふなこ》（乗務員）たちを縛《しば》りあげて、乗客をおびやかし、船中の貨物すべてを自身の船に移しかえ、立ち去ってしまうという。

京城《けいじょう》（ソウル）在住の、わが国の医師・稲垣《いながき》氏に、その遭難話《そうなんわ》を聞いたので、以下、その内容を記そう。

私は、かつて、黄海道《こうかいどう》の海州《※かいしゅう》へ旅しようと、旅装《りょそう》を整え、通弁者《つうべん》（通訳）をともなって、仁川《じんせん》（インチョン）より朝鮮船に乗りました。月串《※おるこ》にいたるころには、すでに真夜中を過ぎ、ほとんどの乗客はみな、うっ伏して熟睡していたのです。舟子が唄う欸乃《ふなうた》（舟歌。舟子のかけあい）だけが、漕《こ》ぎ行く舵《かじ》の音に重なって、静かに聞こえていました。

私は、このとき、なお眠らずにいたのですが、すると、遥《はる》か後方より、大きな濁声《だみごえ》が、わが船を呼びとめていました。舟子が櫓《ろ》を止めたらしく、呼び声はひとしお大きく聞こえてきました。「やぁ、黄海道に行く船なら、頼みたいことがある。少し待ってくれないか」と言います。

わが船の舟子を、星の光に透《す》かして見ると、「商船である」という声も聞こえてきました。舟子が「頼みとは、何ごとか」と問い返すあいだに、その船は早くも、わが船に追いついたと見え、舟子はひと声大きく、「水賊《すいぞく》だ！」と叫んだのです。私は、このときまで眠つけないまま、聞くともなしに耳を聳《そばだ》てていましたが、この水賊という、ひと声を聞いて、たいへん驚きました。

さて、たいへんなことが起こりました。わが船は海賊に襲われたのです。どうすればよいかと恐れ、戸惑《とまど》いながらも、怖いもの見たさは、人の情でしょう。私は、船室より頭をもたげて様子をうかがっていました。

すると、白い布で頭を包んだ五人の海賊が、それぞれ武器を手にして、すばやくわが船に乗り移り、右に左に走って、帆綱《ほづな》を断《た》ち、櫓を海へ投げ、舵を打砕《うちくだ》くなどして、それが動けないようにしたのですが、その鋭い手際《てぎわ》は、疾風《しっぷう》の樹木を倒し、雷電《らいでん》が頭上で轟《とどろ》くかのようでした。

同乗の人たちも、この物音に驚かされたようで、誰が呼び起こすのでもないのに、全員が目覚《めざ》めてしまったのです。ところが、海賊と聞いて、恐れおののき、頭を縮《ちぢ》めて船室内に潜《ひそ》んでいるしかありませんでした。

賊は、舟子に向かって、「客室はどこか」と声高《こわだか》に聞いています。舟子は、おそるおそる、私たちがいる場所まで彼らを案内しました。「さては、わが身か」とばかりに、今さらのように恐ろしく、私は隅《すみ》のほうに隠れました。

賊たちは、すぐには入ってこず、船板を集めだしました。そして、船板で出入口を覆《おお》い、上から何かしら重いものを五つ、六つ乗せて、塞《ふさ》ぎます。船室にいるものたちは、袋《ふくろ》の鼠《ねずみ》でした。私たちを殺すも生かすも、彼ら賊の心一つにありました。

その心細さは、たとえようもありません。賊たちは、このあいだにも、わが船中の荷物という荷物を、自身の船へ投げ移していきます。しばらくして、再び船室の上に集まったものと見え、足音がひっきりなしに聞こえています。たちまち、出入口が開かれました。

禍《わざわい》は、いよいよ身の上に近づいてきます。賊のひとりが、船室に下りてきました。残り四人の賊は、火縄銃《ひなわじゅう》や鎗《やり》などを持って、出入口の周囲を固めています。

入ってきた賊は、私たち乗客の腰纏をひとつずつ改めると、これを奪いとっていきます。人々は、恐れおののいて、ただ生命《いのち》を乞《こ》うばかりでした。つづいて賊は、手荷物の詮索《せんさく》を始め、ついに、私の薬品と器械が入った支那《※し》鞄《なかばん》を開き、「これは、何か」と問いました。私が連れてきた通弁者は、私の言《げん》を待たずに、「それは、日本人の荷物だ」と答えました。

「何、日本人がこの船に乗っているのか」と、賊は、いっそう勇《いさ》み立ちます。いうまでもなく、私の禍は、そこまで迫《せま》っています。しかし、同乗の客たちは、みな黙ったまま、私が日本人であることを告《つ》げるものは、ひとりもいませんでした。幸いなことに、私は韓服《かんふく》を身につけていたので、賊も私が日本人であることを知るよしもありませんでした。

賊は、四方を睨《にら》みまわすと、「日本人はどこにいるのか。どこへ隠れたのか。日本人は、必ず銀貨を持っているはずだ。すぐにここへ引きだせ」と、わめいています。ああ、賊は、日本人と聞いて、その銀貨を奪おうと勇み立っているのでした。

賊がしきりに問いただしたのですが、一樹《※いちじゅ》の蔭《かげ》、一河《いちが》の流《ながれ》も他生《たしょう》の縁《えん》とは、このことでしょう。目の前で、わが身に迫った禍を見知って、私が日本人であることを告げる無情のものもなく、他の乗客たちは、みな、口を噤《つぐ》んで、私を危難から救ってくれたのです。

やむなく賊は、ひとつずつ荷物を改めると、私が携《たずさ》えていた梅干の曲物《まげもの》（曲げわっぱの容器）を見つけ、曲物の蓋《ふた》を引きはがしました。そして、物好《ものず》きにも、そのひとつをかじったのですが、彼は、これをどのように味わったものか、すぐに吐きだし、唾《つば》を吐き、口をすぼめ、目ぼしい品の二、三を、ひったくるように抱《かか》えると、船室を飛びだしていきました。

そして、四人の賊とともに、飛ぶかのようにして、乗ってきた船に乗りこみ、雲か、霞《かすみ》か、※跡白波《あとしらなみ》と、漕ぎ去っていきました。

梅干に驚いた賊の表情は、とてもおかしなものでしたが、あまりの恐ろしさに心奪われ、だれ一人として笑うものはありませんでした。

賊が去ったのを見て、乗客も舟子も、ホッと安堵《あんど》の息を吐《つ》いたときには、もはや船中の荷物は、影もとどめていません。人々は、涙を流しながら、「これから、どうやって妻子を養おうか」、「荷主《にぬし》に、申し訳が立たない」など、愚痴をこぼすばかりでした。

その後、舟子たちが力を合わせて、舵も櫓もなくなった船を漕ぎ、四、五日かけて、ようやく海州の近くへ到着したのです。

これは、氏が実際に体験したところであって、彼の話し方があまりに巧《たく》みなため、これを聞いたものは、みな、ゾッとして毛髪が逆立ち、あるいは、思わず失笑して、腹を抱《かか》えるのであるが、私が、今、その話の十のうちの一も、写すことができなかったことは、まことに遺憾《いかん》である。

※　海州……ヘジュ。黄海道にある港湾都市。現在の北朝鮮に属す。

※　月串……ウォルゴ。仁川のほど近く。

※　支那鞄……木製で、表面に布や革を張りつけた箱型のカバン。

※　一樹の蔭、一河の流も他生の縁……同じ木の下に休むことも、同じ河の水をすくって飲むことも、前世からの縁が浅からぬ証拠である。

※　跡白波……「白波」は盗賊のこと。また、船のうしろに立つ「しらなみ」と、「跡（行方）を知らない」をかけている。

村落

村落は、すべて飲水《のみみず》の便利なところにある。そのため、このあたりに茶店《ちやてん》の一軒でもあれば、旅人の便《べん》になるのにと思うような場所でも、飲水がなければ人家《じんか》はなく、もちろん茶店もない。

また、行暮《ゆきく》れて、宿とする客舎《はたごや》がないのに苦しむことが多いから、旅客《たびびと》は、どのような場合でも、先の旅程を事前に決めておき、露宿《ろしゆく》（野宿）の不幸を見ないようにしなくてはならない。

料理店と旅舎《はたごや》

かの国の土を踏《ふ》んだことのない人は、かの国にも、わが国と同じように、料理屋や旅舎《はたごや》といえるものがあると思うだろう。しかし、かの国の料理屋や旅舎とは、名ばかりであって、ほとんど無《な》いのに等しいといっても、さしつかえないほどである。

その料理屋を、※酒幕《ちうまく》と呼ぶ。門の柱には「※莫惜床頭沽酒銭」など書きつけてあって、そのさまは、いかにも風雅《ふうが》なように見えるが、別段《べつだん》、座敷らしきものもなく、落人《おちうど》さながら、馬夫《まご》（馬をひく人）や輿丁《よちょう》（かごをかつぐ人）と同じ一室に踞座《きょざ》し（ちょこんと座り）、ただ、酒を飲み、肉を食らうだけである。酒肴《さかな》も、明太魚《ミョンタイ》（鱈《たら》）、豚肉、漬物くらいしかなく、軽く酔うことで、飢えを癒《いや》すことができるにすぎない。

旅舎が不体裁《ふていさい》なのは、言うまでもなく、わが国の木賃宿《きちんやど》（安宿）にも遠く及ばないほどである。旅舎では飲食代を請求するだけで、その他に宿賃は要しない。

場合によっては、味噌玉《みそだま》を天井に吊るしおく家があって、その臭気はたいへんなものである。ひとたび戸内《こない》に入れば、その怪しい臭気が、たちまち鼻を衝《つ》いてきて、頭が痛くなることもある。

また、かの国の人の煙草《たばこ》好きは相当なもので、旅舎の室内は、その烟《けむり》が満《み》ち満ちて、堪《た》えがたい状況にまでなっても、戸を開けて新しい空気を入れかえようともしない。

横になって寝ころぶもの、踞座するもの、眠るもの、目を覚《さ》ましたもの、屁《へ》を放つもの、歯切《はぎし》りするもの、などなど、一室に数十人が、ばらばらに宿しているさまを見れば、

酒やのねいさん

むしろ、野外に露宿《ろしゅく》したほうが、ましなのではないかとの思いにさせられる。すくなくとも、潔癖《けっぺき》症の人は、しばらくのあいだも、この地に足をとどめることはできないであろう。

※　酒幕……チュマク。宿を兼ねた居酒屋。

※　莫惜床頭沽酒銭……唐の詩人、岑参《しんしん》の詩「蜀葵花歌《たちあおい》」の一節。床頭《しょうとう》の沽酒銭《こしゅせん》を惜しむなかれ。枕もとの酒代を惜しむな。沽酒とは、酒の売買のこと。宣伝句としては、たいへん気が利いている。

市街の不潔

不潔は、朝鮮のパテント（専売特許）だろう。京城《けいじょう》（ソウル）はもちろんのこと、八道《はちどう》（朝鮮全土）いたるところとして、（洗練された）市街《まち》らしき市街を見ることはできない。牛馬人《ぎゅうばじん》糞《ぷん》は市中に溢《あふ》れ、その不潔なことは、たとえようもない。

市場の中央には、共同便所の設備はあるが、それもただ、藁《わら》で屋根を葺《ふ》き、蓆《むしろ》で四方を囲んだ、たいへん粗末なものである。しかも、その糞汁《ふんじゅう》で、犬や豚を養っているから、もし、誰かが入ろうものなら、犬豚がじっと傍《かたわ》らに侍《じ》して、用を終えた人が出てくるのを待っている。これは、ほとんど嘔吐《おうと》を催《もよお》すようなものであろう。

また、食物の不潔なのも、この国の特色といえよう。腐った魚菜《ぎょさい》を用いるのはもちろんのこと、その調理の現場を見てしまったなら、どれほどの豪傑《ごうけつ》であっても、箸《はし》をつけるのに逡巡《しゅんじゅん》せざるをえない。

料理人が、煮炊きものの味つけをするのには、匙《さじ》や菜箸《さいばし》を用いずに、必ず手で行なう。箸なども、千秋万古《せんしゅうばんこ》（永遠に）、ほとんど洗ったことはないだろうし、水洟《みずはな》を拭《ぬぐ》いとったその手で、じかに漬物瓶《つけものがめ》をかき回すなど、わが国の人がとても想像だにできないような次元なのである。

さらに、上流社会は別格《べっかく》としても、中流以下となれば、室内の不潔は、筆舌《ひつぜつ》に尽《つ》くしがたいものがある。

家屋の壁は荒壁《あらかべ》で、触れただけで衣服は汚れ、屋根裏に泥を塗っただけの天井は低く、欠伸《あくび》をしただけで、首が屋根を突き破ってしまいそうだ。広い部屋でも、わが国の六畳敷

腰をかがめて出てくる人を牢破りと思ってはいけない。
朝鮮家屋の出入口はすべて、このように狭小なのである

きくらいでしかなく、狭いものとなれば、ほとんど一畳にも及ばない。客舎《はたごや》には、広い部屋もあるが、その構造は長方形で、まるで※槍持《やりもち》の厠《かわや》（便所）のようである。

ちなみに、厠の戸は、すべて、わが国の茶室にある潜《くぐ》り戸のようである。座っている客が、痰《たん》を吐《は》きたいと思えば、座っている蓆をめくって、その下に吐く。鼻水が滴《したた》るときは、それを手でこすって、じかに壁に塗りつける。これで、いっこうに不潔とも思わないのは、彼ら韓人《かんじん》には、あえて珍しいことではないからだ。

客舎とはいっても、万事がこのようなものであるから、一夜の生命と財産の安寧《あんねい》を託《たく》すのには足りない。

寝るときは、もとより、身を覆《おお》う布団《ふとん》もなければ、着のみ着のまま、木枕《もくちん》という、ただの丸木《まるき》の端《はし》きれに頭を載《の》せるだけ。いたって心細いものであるから、うとうととして、雨露を凌《しの》ぐだけのものである。

このようなものであるから、かの国を旅行する外国人は、その困難をあげていくと、きりがない。

とくに、いずれの客舎にも、浴場の設備のないことが、最も旅行者を苦しませる。

夏は、床虫《ビンデー》と蚊《か》がたいへん多く、身体は疲れているのに、ほとんど夢を結ぶこともままならない（眠ることができない）。蠅《はえ》にいたっては、春夏秋冬、おびただしく室内を飛びまわっており、払い尽《つ》くす術《すべ》もない。そうであれば、禅榻《※ぜんとう》を尋《たず》ねて、清風《せいふう》に臥《が》することもままならず、この上もない難儀《なんぎ》というべきであろう。

※ 槍持の厠……武士が外出するときに、その槍を持ってともなう従者。彼らが用いる便所は、槍が引っかからないように細長くできていた。

※ 禅榻を尋ねて、清風に臥する……禅榻は、坐禅のときに用いる長い腰かけで、ベッドの代わりになる。腰かけを探して、涼しいところで寝る、の意。これは、室町幕府の管領《かんれい》だった細川頼之《ほそかわよりゆき》の詩の一部を引用したものだろう。この句の前には、やはり、「部屋に蠅がいっぱいで、払っても逃げない」の一節がある。

輿《こし》

ここに示したのは、かの国の女輿《おんなかご》である。

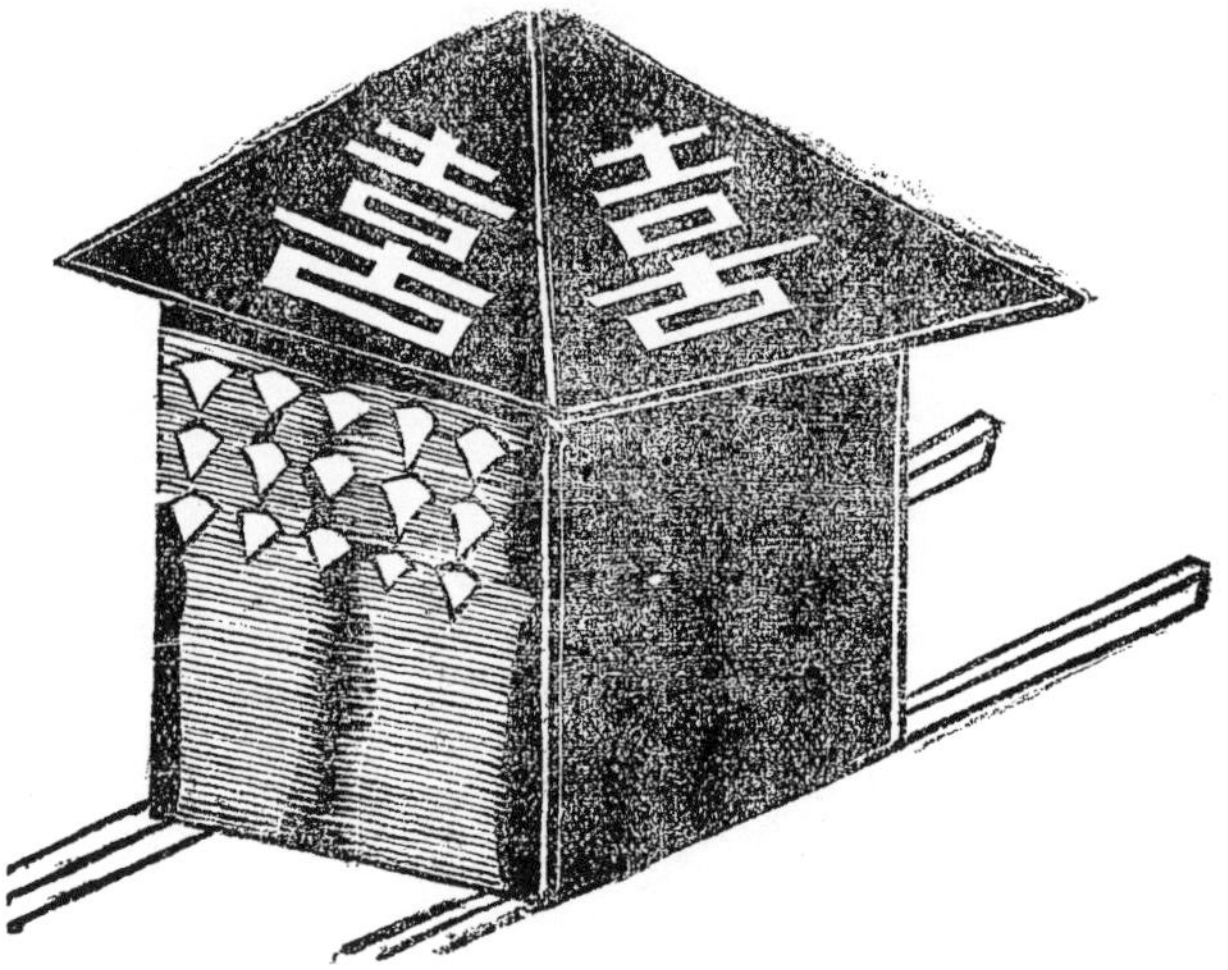
喜
喜

中流以上の婦人が、外出するときは、必ずこれに乗り、通りすがりの人たちに、その顔面を窺《うかが》わせないようにする。外観は、男子の乗る輿《こし》もこれと大差なく、ただ、正面《まむき》の簾《すだれ》がないだけである。内地《ないち》では、日本でいうところの一里の輿代《かごだい》が、平均十五銭ほどである。

漁民保護

全羅《ぜんら》・慶尚《けいしょう》両道の沿岸で、漁業に従事する、わが国の漁船の数は、海関《かいかん》報告によれば、一千五百艘《そう》にも達している。その他、これ以外にも、一千艘以上の漁船が、常に出入りしている。今、仮りに、一艘あたりの乗組員が五人とすれば、一万二千人以上の漁民が、年々両道の沿岸漁業に従事していることになる。

これらの漁民は、多く広島、山口、対州《たいしゅう》(対馬《つしま》)などのもので、年の収穫の総計は百五十万円を下らないという。つまり、※一人あたりの所得は、百五、六十円以上となろう。沿海で得られる利益は、莫大《ばくだい》なものといえる。

いかにも、それを証明するかのように、わざわざ日本から、一葉《いちよう》の扁舟《へんしゅう》に棹《さお》さして(一艘の小舟をあやつって）、万里の怒濤《どとう》（荒波）を凌《しの》ぎ、かの地に赴《おもむ》くものは、年々増え、その利益を加えているのであろう。

全羅・慶尚両道の沿岸における、漁民の数や漁業の利益は、このようなものである。三港（釜山・元山・仁川）や京城《けいじょう》（ソウル）の日本居留地民の貿易総額が、六百万円であることと、また、その人員の総計が一万人ばかりであることと比較してみれば、はたして、その利益と、その人員、どちらが大で、どちらが小なのだろうか。

日本政府は、三港と京城に領事を駐在させ、そこの商業を保護する必要を認めているが、それならば、この全羅・慶尚両道沿岸の漁業も保護する必要がないわけはあるまい。

昨年、全羅道沿岸で、わが国の漁民が、かの国の人に殺され、軍艦を派出するなどということがあって、いっとき、人々の注意を引きつけた。

ところが、その後、事がようやく収まったころには、漁民保護の問題は、本邦人《ほんぽうじん》（日本人）の熱しやすく冷めやすい特性によって、たちまち忘れ去られてしまったのである。今は、お茶の間の話題ですら、これを口にする人はなくなった。実に口惜《くちお》しいかぎりではないか。

また、一般的な漁民を見ると、教育のあるものは少ない。そのことからも、これら沿海に漂《ただよ》う、わが漁民に向けられた韓人《かんじん》たちの現在の態度は、釜山や仁川の韓人が、わが居留地民に対するようなものではなく、傲慢無礼《ごうまんぶれい》、ほとんど口にできないようなものである。かの文禄征韓《ぶんろくせいかん》の役《えき》では、※加藤嘉明《かとうよしあきら》などが、脆《もろ》くも、かの国の※李舜臣《りしゅんしん》などに破られたが、全羅・慶尚両道の沿岸地域では、今なお、かの漁民たちが、これらの事蹟《じせき》を伝え、日本人は恐れるに足りないと考えている。

これは、ただ漁民だけの話ではなく、わが国の一般の人に対しても、軽侮《けいぶ》したような挙動が多いのは、この地方を旅行したものからは、広く知られたところである。

とはいえ、人というのは、利のあるところに赴くものであるから、虎子《こし》（虎児《こじ》）を得るためには、虎穴《こけつ》に入ることを止められないのも、人間の性である。そのため、韓人の傲慢無礼があるにもかかわらず、こぞって漁業にむかうことも、偶然ではあるまい。

誰かが言う、「かの国に居住するわが国の人が、一人増えれば、一人分の国力を増す」と。しかし、※どうして知らないのであろうか、全羅・慶尚両道では、わが国の漁民が一人増えれば、一人分の国力が損《そこ》なわれている状態であることを。

たとえ漁民が、眼中一丁字《がんちゅういっていじ》もない（文字を一字も知らない）愚蒙《ぐもう》の民であったとしても、彼らもまた、勇猛奮進《ゆうもうふんしん》、日本魂《やまとだましい》の一片《いっぺん》を有する民なのである。

そのとおりであるのに、今日、かの韓人に圧制《あっせい》無礼を加えられようとしているのも、思うに、その個々が分裂してしまい、彼らの勢力を、うまくひとつにまとめる存在がないという以外に理由があるだろうか。

※三河《みかわ》武士は強悍無双《きょうかんむそう》だというが、これも、東照公《とうしょうこう》（徳川家康）が起《た》って、武士たちを統《とう》御《ぎょ》することがなければ、その勢力を発揮することもできなかったであろう。彼ら漁民の今日は、あたかも、これと同じである。

彼らをよく率いる一人が出てくれば、まぎれもなく彼らが、その背後に立ち、交弾一指《こうだんいっし》（瞬時）の力を合わせて、一拳搏撃《いちげんはくげき》（一発で打ちたたく）の勢力を形成することは、たやすく理解できるところであろう。

もし、このようにうまくいけば、かの国の人も、わが漁民が敵しがたいということを知り、殺人事件のようなものも跡《あと》を断《た》って、わが国威《こくい》に服《ふく》すようになるということを、私たちは知るべきであろう。

それだけでなく、かの国沿岸での漁業の利益を、わが国が長く握ることができ、殖民《しょくみん》事業《じぎょう》のようなことも、期せずして、その結果を見ることとなる。

わが国の漁民には、一年中沿海の漁業に従事するものと、わが国から漁期《りょうき》を待って赴くものの違いはあるけれども、もとより、米や味噌など日常の必需品をすべて、あらかじめ搭載《とうさい》していくわけにはいかないから、現地で捕獲《ほかく》した魚などを沿海に住む韓人に売って、米などに換《か》えるしかない。

そうすると、漁民たちの弱みを知る韓人たちは、彼らの携《たずさ》えてきた魚類に、たとえ十円の価値があるとしても、二、三円くらいにまで踏《ふ》み倒し、漁民がそれでは売れないとなれば、船の舵《かじ》や櫓《ろ》を奪って出船できないようにする。さらに、けっして、二、三円でしか買いとってはならないと、全村民に徹底させるのだ。

わが漁民は、魚肉が腐敗するのを恐れ、また、そのままでは食糧《しょくりょう》が尽《つ》きるために、持ちこたえられなくなる。そのため、当座の金や食糧を得るために、損失のことを考える余裕もなくなり、投げ売りするしかない。

韓人による、わが漁民に対する圧制無礼の一端は、たいてい、このようなものである。

ところが、こういった悪風《あくふう》（悪い習慣）は、ただ漁民に対してのみ、そうなのではない。

私は、昨年、慶尚道沿岸泗川県《※しせん》で、わが国の商人が、韓人に強迫されているのを見たことがある。

海岸の白砂の上に蓆《むしろ》を布《し》き、邑内《むらうち》（村内）の主要なものたちが、その中央に座り、傍《かたわ》らにはざっと数十人が列座して、一人のわが国の人を砂上にそのまま座らせ、少し離れた場所には、拷問道具、すなわち尻※はたき器械一基を置いている。その様子は、大岡越前《おおおかえちぜん》の裁《さい》判庭《ばんてい》（お白洲《しらす》）さながらで、何やら、商人を厳しく詰問《きつもん》していたのである。

私は、同胞の情から、黙って放っておくわけにはいかず、理由をその商人に尋ねた。

商人は、全羅道霊光《※れいこう》より米穀を船載《はくさい》してきた。この地を過ぎようとしたとき、この年の泗川県は大凶年で穀物が足りない少ないということで、韓人たちは商人に迫り、ぜひ売るように交渉をしかけてきた。商人が、「これは他人に依頼された穀物だから、自身が勝手に売り渡すわけにはいかない」と断ると、彼らは、「では、泗川の人たちが餓死してもよいのか。あなたは人非人《にんぴにん》（人でなし）だ」と言い、今日まで、こうやって多人数で、厳しい強要《きょうよう》の交渉に逢っているのだという。

これだけで、沿海に住む韓人の、わが国の人に対する意向（了見）をうかがい知れるというものだ。志士は、資金を持って現地に入り、わが漁民を保護してほしい。

私が考える漁夫保護策の要領《ようりょう》は、

※珍島《ちんとう》、所安島《しょあんとう》、金甲島《きんこうとう》、済州島《さいしゅうとう》、統営《とうえい》など、沿岸の主要地を本拠とし、米、醤油、油、味噌、酒、煙草《たばこ》、薬品など、漁民の生活必需品を売り、漁民が捕獲した魚類を買いとり、これを製造販売すること。

このように安全保護を与えれば、漁民は、韓人から食糧を買う必要なく、また、捕獲した魚類を売るにも、釜山や仁川にまで携行する必要もない。その利益は、両者ともに莫大なものであろう。それに、付近の全羅全道の産物、つまり、米穀、牛皮、牛骨、木綿《もめん》などをも買って輸出すれば、たちまちにして巨利を博《はく》することができる。

※　一人あたりの所得は、百五、六十円以上……著者の計算ミス。実際は、百二、三十円か。

※　加藤嘉明……一五六三―一六三一。安土桃山時代の武将。豊臣秀吉の右腕、賤ヶ岳七本槍《しずがたけしちほんやり》の一人として勇名をはせ、その後の秀吉の戦略に貢献し、秀吉の死後は、石田三成と対立し、徳川家康方に

ついた。文禄の役において、加藤嘉明が李舜臣軍に敗れたというのは著者の誤認で、敗れたのは脇《わき》坂安治《さかやすはる》である。

※李舜臣……イ・スンシン。一五四五―一五九八。朝鮮水軍を率いた将軍。優勢な日本水軍に対し、とぼしい戦力で奮闘したが、戦中に没する。死因は、わかっていない。

※どうして知らないのであろうか……朝鮮の日本人居留民が増えることで、日本の国力も増大するというのが、一般的な考え方だった。しかし、この地域での日本人漁民は、弱い立場におかれているために、かえって国力の減退をまねいてしまっていると、著者は考え、このことを誰も指摘しようとしないと嘆く。

※三河武士……三河は、愛知県東部。徳川家康をその初期より支え、幕府の成立に貢献した、酒井《さかい》、本多《ほんだ》など地元の武家衆。

※泗川県……サチョン。半島南部、釜山の西、海に面した地域。この沿岸で、文禄の役の泗川海戦が行なわれ、李舜臣率いる朝鮮水軍が、豊臣秀吉軍を破った。

※尻はたき器械……尻を鞭《むち》で打つため、うつ伏せに固定する台。朝鮮時代は、笞刑《ちけい》（むちうち刑）があり、その執行に用いられた。

※霊光……ヨングァン。全羅道の西海岸、黄海に面する地域。

※珍島、所安島、金甲島、済州島、統営……珍島（チンド）は、全羅道木浦（モッポ）の南方にあり、この海域の中心となる、比較的、大きな島。所安島（ソアンド）は、珍島の東南方に位置する。金甲島は、今の接島（チョプド）で、珍島の南岸に近接する小島。済州島（チェジュド）は、

半島の南方に浮かぶ、朝鮮最大の島。統営（トンヨン）は、釜山の西方に位置する港湾都市で、巨済島（キョジェド）に入る玄関口にある。

宗教

李氏《りし》朝鮮以前には、仏教は隆昌《りゅうしょう》を極め、国王の帰依《きえ》や信仰も浅くはなかったが、高麗《こうらい》に代わって、李朝《りちょう》が八道《はちどう》（朝鮮全土）を支配するようになると、※斥仏尚儒《せきぶつしょうじゅ》の方針がとられ、国内もこれにいっせいに靡《なび》いて儒教《じゅきょう》に服し、仏を信じるものは、愚婦愚夫《ぐふぐふ》と罵《ののし》られるようになった。

そのため、仏教は、人を感化《かんか》する勢力を持たないだけでなく、驚くべきことに、僧侶は、無学で、他人から軽蔑される存在となった。仏教は、山間の伽藍《がらん》と、田野《でんや》に横たわる石仏と石塔の残骸《ざんがい》のみに、往時の面影《おもかげ》を残し、むなしく行客《こうかく》（行きかう旅人）の感慨を誘うのみである。

また、彼らが崇拝《すうはい》する儒教を見ると、これまた、ほとんど名ばかりであって、各郡各県に、孔子《こうし》の廟《びょう》を建て、ときおり、釈奠《せきてん》の礼《れい》（孔子を祀《まつ》る儀式）が催《もよお》されるにすぎない。

村夫子《そんぷうし》（地方の先生）は、みずからを儒者《じゅしゃ》と号し、児童たちに論孟《ろんもう》（論語と孟子）を教えてはいるが、彼自身、学は浅く識《しき》もなく、わずかに※朱子《しゅし》の集註《しゅうちゅう》（注釈集）を金科玉条《きんかぎょくじょう》と心得る。そして、※退渓《たいけい》・※栗谷《りつこく》の両人を師と仰《あお》いで、「今の人は、昔の人には及ばない」と嘆《なげ》くだけだ。朱子以外に一機軸《いっきじく》（根本となるもの）を見出《みいだ》すこともなく、また、朱子以外に英傑の儒者があることを知るものもない。

そのため、冠婚葬祭の制式《せいしき》にいたるまで、ただ、その制を尚用《しょうよう》する（ありがたがって用いる）だけで、わが国は儒教国であると、傲然《ごうぜん》と誇っているにすぎない。尚《たつと》ぶ（尊ぶ）ものは儒教なのであるが、ただ、その表相虚礼《ひょうそうきょれい》のみをとりあげて、実体道徳《じったいどうとく》の源《みなもと》（真の徳とは何か）を究《きわ》めることもない。

というわけで、国内一の碩儒《せきじゅ》（儒学者）はおらず、一つの博識《はくしき》もなく、かの国の道徳が衰えて振るわないのは、あえて不思議に感じることもない。

平安道《へいあんどう》の平壌《へいじょう》（ピョンヤン）の大学などでは、※冕冠《べんかん》を被《かぶ》った数十人の老書生が会合して、孔子時代の教育を模擬《もぎ》しているのは、一劇場《げきじょう》（形だけのおままごと）なのにすぎない。まったくのお笑いごとである。

その他、道士《どうし》というものがある。深山幽谷《しんざんゆうこく》に居を構え、草根木皮《そうこんぼくひ》（薬効のある植物）を食い、露《つゆ》を飲み、霞《かすみ》を吸って、みずからを神仙《しんせん》（仙人）と称してはいるが、彼らもまた、※吉凶客悔《きっきょうりんかい》を説《と》き、愚民を欺《あざむ》く奸猾《かんかつ》（悪がしこい）の輩《やから》にすぎない。

もとより、かの国の宗教は、すべてこのようなもので、国教《こっきょう》に関する勢力を有していない。よく無宗教国といわれるが、これは、必ずしも誣言《ふげん》（事実無根）ではないだろう。のどが渇《かわ》いて飲みものを求め、飢《う》えて食を欲するのは、人の情である。そのためか、耶蘇《やそ》教（キリスト教）が、たいへんな速度で蔓延《まんえん》している。二十年前、※大院君李昰応《だいいんくんりかおう》が、耶蘇教徒を一挙に誅《ちゅう》した（殺した）ときには、その信徒は二万人に及んだと聞いている。今日のような信仰自由の時代にあっては、その数は、もっと多いだろう。

これに加えて、宣教師《せんきょうし》の熱心さであろう。彼らは、施病院《せびょういん》を起こし、貧民教院を設《もう》け、あるいは、単身みずから内地《ないち》に入り、苦楚《くそ》（辛苦）を嘗《な》め、危険をおかしながらも、くりかえし布教を怠《おこた》らず、勧誘の法につとめているのである。

彼ら韓人《かんじん》たちが、その熱心なことに感化され、ついには、一国をあげて天帝（キリスト教

非閔氏派の領袖、大院君李昰応
（大規模なキリスト教徒弾圧を行なった）

の神）を拝する人となるであろうことも、私たちは知らなくてよいことのように受けとめているのである。

ああ、その布教の目的はなんであろうか。ただ福音《ふくいん》を広め、韓人の文化を増進しようとすることにとどまるのであれば、私は何も言うことはない。その熱心さに向かって感謝するだけであろう。

しかし、その目的とするところが、宗教をもって剣刃《けんじん》とし、韓人の脳を麻痺《まひ》させて、その魂を奪い、その肉を喰《く》らおうとしているのであれば、私は黙って見過ごすことはできない。宣教師の目的は、こういったところにある。かの国の人は、このことを深く注意しなくてはならない。

※ 斥仏尚儒……仏教を排斥し、儒教を尊ぶ。高麗の国教であった仏教は、朝鮮時代になると、前王朝への反撥《はんぱつ》もあって弾圧された。これに代わった儒教の振興は、政治・社会の全般にわたる朱子学の繁栄をもたらし、事大の思想を生むこととなる。
※ 朱子……十二世紀に活躍した宋代の儒学者。儒学をまとめ、四経《しきょう》を最上とした。朱子自身が説いた内容は、厖大《ぼうだい》、かつ理論的なものであったが、その後、朱子学としてまとめられていく中で、身分

制度を重視し、その頂点に君主をおく考えが強調されるようになった。明代がこの朱子学を国教とし、科挙の必須学問としたことで、明の朝貢国である朝鮮もこれに倣《なら》った。

※退渓・栗谷……李退渓（イ・テゲ）と李栗谷（イ・ユルゴク）。ともに、十六世紀に活躍した、朝鮮を代表する儒学者。

※冕冠……君主が儀式でつける礼冠。板状の豪華な装飾を頭上に載せている。ここでは、身分不相応に豪華な被《かぶ》りものということか。

※吉凶吝悔……吉凶悔吝。人の考え方や言動は、悔→吉→吝→凶というように、めぐっている。「悔」は、失敗を後悔することで、ここから反省を見出せば「吉」に転じる。「吝」は、あやまちを認めないことで、ここから「凶」に転じる。

※大院君李昰応……興宣《こうせん》大院君。イ・ハウン。第二十六代朝鮮国王・高宗《こうそう》の父。幼少の国王に代わって、朝鮮末期の政治の実権を握り、高宗の妻・閔妃《びんひ》の一族と争った。キリスト教を弾圧し、一八六六年に、フランス人神父ら、信徒八千人を処刑している。

かの国での、わが国の僧侶

耶蘇《やそ》（キリスト教）の宣教師は、波濤万里《はとうばんり》の異郷《いきょう》（遠く海を渡った外国）をものともせず、この国にやってきた。彼らが、すでに鋭意《えいい》熱心なのは知られるところだが、その布教が鋭意熱心なことも、知るべきであろう。

これら宣教師たちは、かの国に怨《うら》みこそあれ、ひとつの恩徳《おんとく》も受けたことはない。それなのに、倦《う》む（飽きる）ことなく、いやがることなく、ただひたすらに、愚昧《ぐまい》な韓人《かんじん》を教育するのに勉《つと》めているのだが、このように彼らが鋭意熱心なことの理由も、ひとつとして信じられるものがなく、どうして、納得することができようか。

むしろ疑問に思うのは、仏の教えや法が、かの国より伝来したという、古い歴史、大きな恩恵があるにもかかわらず、かの国の人たちが、今日、無宗教・無道徳の波風に出没しているのを見て、わが国の仏教徒たちが手をこまねいて、彼らが生死のふちにあるのを度外視（無視）しているのは、いったい、どういうことなのか。

わが国の僧侶たちが、もし、慈悲眼《じひがん》というものを持たないのであれば、僧侶でいることなどやめたほうがよい。もし、仏教伝来の母国の恩に報《むく》いる精神がないのであれば、すぐにやめたほうがよい。

仮にも、僧侶たちに慈悲の心や報恩の精神があるのであれば、法鼓《ほうく》を鳴らして、起《た》ちあがり、かの国に耶蘇教徒だけを陸梁《りくりよう》（跳梁跋扈《ちようりようばつこ》）させてはならない。それは、耶蘇教徒が、その聖跡を他教徒（イスラム教徒）の手から奪取するために、十字軍を起こしたようなものではないか。

今や、わが仏教の本国は、ついに耶蘇教徒が占有する地になろうとしている。僧侶たるものは、どうして、法幢《ほうどう》（仏法の力を知らしめる旗）を翻《ひるがえ》して起つことができないのか。にもかかわらず、かの国の駐在する、わが国の僧侶を見ると、一人として、耶蘇宣教師のように、鋭意熱心なものはない。在韓のわが国の僧侶は、実に不熱心で、不勉強である。彼らの中、一人として韓語《かんご》に精通するものがあるだろうか。一人として内地《ないち》（日本人居留地以外の場所）で布教するものがあるだろうか。一人として韓人を感化したものがあるだろうか。

私は、ただ彼らが、日本人居留地民が亡くなったときに、その棺《かん》の後ろに随《したが》って、野辺《のべ》送《おく》りの相伴《しようばん》をするのを見ただけである。檀那《だんな》の供仏《くぶつ》（檀家の供養）に、精進《しようじん》料理の相手をしたのを見ただけである。ああ、なんという不熱心だろうか。もし、仏陀《ぶつだ》が、これを聞いたら、なんと言うだろうか。

私なりに、かの国の仏教を再興する方策を説《と》いてみたら、

第一　勇猛《ゆうもう》精進の僧侶を選んで、かの国の仏寺に入ってもらい、自然と、かの国の仏教の品位を高尚《こうしょう》にさせること。

第二　内地に入って、耶蘇を排するような空気を、衆民《しゅうみん》の胸中に注入すること。

第三　僧侶に医術を学ばせ、内地各処に派出して、人民に施薬《せやく》し、無意識のうちに、仏の功徳《くどく》に浴させること。

第四　貧民学校を興《おこ》し、もっぱら貧民の教育に従事させること。

第五　わが国の才能ある僧侶を、かの国に遊学させ、その智徳《ちとく》を研磨《けんま》させること。

第六　広く上流社会と交際して、上流人士《じんし》を仏教に帰依《きえ》させること。

右の方策にそって、布教に力を尽《つ》くせば、切《せつ》に望むところとして、かの国の仏教が、再び隆昌《りゅうしょう》（隆盛）を見る時期が来るだろうか。

というわけで、かの国の仏教を隆昌させるためには、わが国の僧侶が奮《ふる》って、その任に当たるべきであろう。これは、わが国の僧侶の責任である。仏徒、雲烟過眼《うんえんかがん》（ものごとに執着しない）というのではなく、どうか奮起してほしい。

나무아미다블
南無阿彌陀佛

寺院

現今の王家李氏は、仏教を信じていないことから、廃寺《はいじ》の再建は問わないものの、新たに仏寺を建てることを禁じた。そのため、現在ある伽藍《がらん》は、いずれも、高麗《こうらい》以前の古刹《こさつ》(古寺)、もしくは、廃寺を再興させたものに限られる。

寺院は、たいがいのものが、山間幽谷《ゆうこく》、人跡《じんせき》から近くはない地にあって、その規模も広大で、本堂や僧舎は数十棟《とう》を有し、ここに住む僧侶は数百人、穀物倉も多く、衣食は豊かである。ここに来るまでに見た民家が、わずかに雨露を凌《しの》ぐかのような惨憺《さんたん》たる光景だったのに比べて、この境地にいたると、まったく別天地の思いがする。

本堂には、釈尊《しゃくそん》一体を中央に安置し、その下壇《かだん》には、国王殿下聖寿《せいじゅ》万歳、王妃殿下聖寿万歳、世子《せいし》(次代国王)邸下《ていか》聖寿万歳と書かれた、三個の位牌《いはい》を安置し、鉦《かね》、木魚《もくぎょ》、経机《きょうづくえ》などの配置、その装飾は、あたかも、わが国の禅宗寺院を見るかのようである。

壁や天井には、天人菩薩の像を画《えが》き、また、天堂《てんどう》(極楽浄土)地獄の図、あるいは、孔子が七十二の弟子、諸仏とともに天堂にある図を掲《かか》げるものもある。

ここの僧侶が、毎日読経《どきよう》するのは、国王・王妃両殿下、および世子邸下の幸福を祈り、国家安康《あんこう》の祈禱《きとう》をなすのにとどまっている。僧侶が庶民一般を集めて説教するなどということは、絶えてなく、葬式も僧侶が関するところではないから、境内に墓地を見ることはない。

仏に礼拝する韓人《かんじん》は、後世《ごせ》（あの世）の営《いとな》みのためではなく、ただ、現世《げんせ》の吉祥《きつしよう》を祈るためである。子を生めば、その栄達を祈り、伝染病を患《わずら》えば、その駆除《くじよ》を願う。

僧侶が髪を伸ばさないのは、わが国の僧侶と同じである。しかし、剃刀《かみそり》を使って剃《そ》るのは、稀《まれ》である。多くの場合、門徒宗《もんとしゆう》（浄土真宗）のような散髪の習俗である。衣服は、薄《うす》鼠《ねずみ》色のものを着て、紫、紅青（紅と青の縞《しま》）、黄色の袈裟《けさ》をかける。

魚肉は口にしないが、葷茹《くんにょ》（臭いの強いネギ、ニンニクなど）を好む。喫煙は禁制であるが、飲酒は許されている。女色《によしよく》は厳禁であるが、※豎童《じゆどう》を抱《かか》えるのは勝手自由である。詩を作り、文を草することが得意なものはいるが、かえって、仏典《ぶつてん》に精通するものはない。

座禅堂の額《がく》を掲げた部屋があっても、ただ老僧の貪眠室《どんみんしつ》（昼寝をする部屋）となるにすぎない。

一山《いちざん》（寺院）の組織は、小規模の共和政治体であり、僧統令監《そうとうれいかん》というのが、その主領《しゅりょう》である。上も下も、みなで自活している。醸母《じょうぼ》（味噌や酒）、扇子《せんす》、団扇《うちわ》などを製造して、これを民間に売り、また、大工や左官となるなど、各々がその技術を積んで、一山の経済機関を動かしている。

しかし、僧侶の品格は、たいへん賤《いや》しく、俗人に対しては叩頭平身《こうとうへいしん》、万が一も、一語すら発することなく、乞丐《こじき》のあつかいを受けている。

ああ、仏教の振るわない原因は、仏法にあるのではなく、僧侶にあるのである。かの国の僧侶は、荘厳《しょうごん》を尊ぶことはない。どうやって、法輪《ほうりん》を転《てん》じて（仏法を説き広めて）、一切衆生《いっさいしゅじょう》を済度《さいど》（救済）することができるのだろうか。※南北西漢山《なんぼくせいかんざん》の寺院は、一種の軍隊組織からなり、大将僧が、これを統一している。そして、国に一大事ある日には、武器をとって兵士となるのである。

松籟子《しょうらいし》が言うには、「かの国の人は、寺院に遊んで、平日のうっとうしさを慰《なぐさ》めている。あたかも、わが国の人の温泉、海水浴のようなものである。わが国には、※本地垂迹《ほんじすいじゃく》の説があるが、かの国でも、孔子および諸哲《しょてつ》（孔子の弟子）を仏に配している。その方法は、たいへん似ている」。

※　豎童……日本の小姓《こしょう》にあたるもの。つまり、男色は認められていた。
※　南北西漢山……ソウルの南北と西の三方に漢山（ハンサン）がある。
※　本地垂迹……神仏習合《しゅうごう》の例。日本の神々は、仏教の如来、菩薩、天、眷属《けんぞく》などが、姿を変えて現われた（権現《ごんげん》）とする考え。

通度寺《つどじ》

私は、かつて、慶尚道梁山《やんさん》の通度寺《つどじ》（トンドサ）に遊んだことがある。この寺は、※新羅善徳王《しらぎぜんとくおう》の創立まで遡《さかのぼ》るという。樹木鬱蒼《うつそう》、巌石峩々《がんせきがが》（切り立ち）、みごとな形勝《けいしよう》を備《そな》えている。

寺のそばに、釈迦の頭舎利《とうしやり》（頭の骨）と袈裟《けさ》を蔵《ぞう》する石室《せきしつ》がある。寺記《じき》によると、※倭寇《わこう》が、これを発《あば》いて盗み、国に持って帰ろうとした。すると、たちまちにして風雨晦冥《かいめい》（あたりが暗くなり）、咫尺弁《しせきべん》ぜず（寸分の先も見えず）、電閃雷撃《でんせんらいげき》（雷が落ちて）、盗人は斃《たお》れた。そして、舎利と袈裟は、再び寺に還《かえ》ってきたという。

その他、八道《はちどう》（朝鮮全土）の王陵《おうりょう》・古墳で、倭寇によって発掘されなかったものは、ほとんど稀《まれ》である。金海府《きんかいふ》の首露王《しゅろおう》（金官伽耶《きんかんかや》の初代王）の陵では、倭寇の害が一度では済まなかった。由来記《ゆらいき》（寺の由緒《ゆいしょ》を記したもの）は、神兵《しんぺい》が起《た》って、これを平《たい》らげたという。

誰だったか、八道の宝器《ほうき》は、いずれも倭寇に掠《かす》められ、王陵・古墳は、いずれも空蟬《うつせみ》の脱《ぬ》けがらであるという。

朝鮮史にいうには、倭寇の害は、壬辰《じんしん》の役《えき》（文禄《ぶんろく》の役）以上に残酷であったと。

※　新羅善徳王……新羅二十七代国王・善徳女王（ソンドクニョワン）。七世紀前半の人。

※　倭寇……朝鮮で強盗行為をした海賊。すべて日本からやってきたというが、実際は、中国の沿岸部、朝鮮南部から島づたいに渡ってきたものも、多くいたであろう。また、国内で盗難や横流しがされた場合も、倭寇の責任にしておけば、追及がされにくいという心理はあったにちがいない。

通貨の運搬《うんぱん》

米穀《べいこく》、もしくは、牛皮《ぎゅうひ》、牛骨のようなものを買おうとして、内地《ないち》に入る場合、第一に不便を感じるのは、ごときものを買わんとして、通貨が重いことである。

馬一匹でも、わずかに二十貫《かん》、つまり三十円ほどの通貨を運べるにすぎない。それなのに、その駄賃《だちん》は、通常一里あたり四、五百文《もん》、つまり十四、五銭もする。内地に三十里も入るのであれば、四円五十銭もの賃銭が必要だ。すでに、運搬する通貨の一割五分を、その運搬の費用として支払わなくてはならない。

かの国にも、為替問屋《かわせとんや》のようなものがないわけではないが、その為替費用もまた、一割五分ほどである。この費用は、ところによって差はあるが、黄海道載寧《こうかいどうさいねい》から京城《けいじょう》（ソウル）までが、それくらいである。

ところが、この為替も、わが国の銀行のように、すぐに手形引換（現金化）できない。時として、二十日、三十日経《た》っても、受けとれないこともある。不渡りをくらい、たいへんな迷惑を与えられることもあるなど、不信用極《きわ》まりないものであるから、これが、通貨の不便による弊害《へいがい》をとりのぞくには足りない。

また、明太魚《メンタイ》（鱈《たら》）や金巾《かなきん》（キャラコ）のように、内地で最も需要の多い品を、馬で運んでいき、これを売って銭《ぜに》に換《か》えていけば、旅費や駄賃をまかなうことができるが、たいがいは、韓人《かんじん》たちに踏《ふ》み倒されて、泣く泣く、元値《もとね》よりも安く投げ売りしなくてはならない場合が少なくない。

このような不便があるので、一般的な内地の商業は、かえって物々交換の時代に退歩しようとする傾向がある。

私は、※公州《こうしゅう》の大市《おおいち》で、この新現象を目撃したことがある。市場での売上金を運搬するには、万人が一様にその処置に悩んでいるために、仁川《じんせん》（インチョン）の相場で八十円ばかりの鷺《さぎ》の羽《はね》が、ここでは、一斤《きん》（六百グラム）につき百円内外まで騰貴《とうき》しているが、それでも買手《かいて》はたいへん多い。また、砂金を買い入れようとするものも多く、これまた、格外の高値に上昇しても、買手が減ることはない。

これは、いずれも、通貨が不便であるために、駄賃などの煩《わずら》いから免《まぬが》れるために、やむをえず買い入れているからである。つまり、砂金や鷺の羽が、通貨の代理をしたということだろう。

ようするに、日本人や支那人《しなじん》などが入ってきて以来、商業の繁栄が来つつある現今の朝鮮の経済社会にあって、なお、このような貨幣しか通用していないことが、最も不便の極《きわ》みというべきであろう。

わが国の銀銭や紙幣、支那の馬蹄銀《ばていぎん》は、豪商のあいだで通用しているが、その他のものは見たことさえないものが多い。

松籟子《しょうらいし》が言うには、「典圜局《てんかんきょく》（32ページ参照）の有名無実を惜《お》しんで、平常の悪銭鋳造《ちゅうぞう》が止《や》まないのを憎む」。

※　公州……コンジュ。忠清道の内陸にある古い都市。百済《くだら》の都がおかれた。

仁川《じんせん》

ここ（238ページ）に掲《かか》げたのは、仁川《じんせん》（インチョン）港の図である。

水を隔《へだ》てて埠頭《はとば》と対峙《たいじ》しているのは、月尾島《げつびとう》である。島の前に横たわる二個の船体は、定期航海の郵船である。遠く沖に浮かぶ一個の船体は、わが常備軍艦※である。詳しくは、後日に記述したいと思う。※

※　常備軍艦……常備艦隊配属の軍艦。明治初期、日本の海軍は組織化されていなかったが、周辺諸国との緊張が大きくなるにつれ、正式に常備艦隊として組織されることとなった。

※　後日……本書は、「二六新報」への連載をまとめたものであるため、そのときの表現が残ったものであろう。ただし、本書を見るかぎり、これに続く記述はない。

書房《しょぼう》と僮《どう》

すでに妻を迎えたものは、髻《もとどり》を結んで笠《かさ》を戴《いただ》く。また、妻のないものは、三十、四十になっても、笠を戴かず、髪を後頭で編《あ》んで背中に垂《た》らしている。

笠を戴くものを呼ぶときは、某書房《ぼうしょぼう》という。笠を戴かないものを僮《どう》（しもべ）といい、

仁川港の図

仁川本町の図

某道令《ドリヨン》と呼び、また、彼自身の名を呼ぶ。

たとえ年長のものであっても、常に笠を戴いた少年より呼捨《よびす》てにされ、万事について、まったく権力がない。
十二、三歳の書房と、三、四十歳の僮、好一対《こういっつい》（愛すべき二人組）は、なんともおかしい。

※　髫……髪を頭上で束《たば》ねたもの。

常服《じょうふく》

常服《じょうふく》（ふだん着）には、すべて白色を用いる。これは、かの国が、東方に位置し、東方は青色を尚び《たっと》（尊び）、青は白色が重なってできる色だからという。

小児は、紅青《べにあお》（紅と青の縞《しま》）、紫、青などの衣服を着る。

春風が嫋々《じょうじょう》（そよそよ）と吹く日、野外には、美人の眉のような柳の葉が開き、杏《あんず》の花が開くとき、三、四人の小児が集まってきて、若草の上で戯《たわむ》れているのを見る。まったく、一幅《ぷく》の画《え》のようで、墨客《ぼっかく》（書画をたしなむ人）の詩情を動かすのに足るものである。好《よ》い春には、色を想《おも》うのがよい。

万国一《ばんこくいち》

韓人《かんじん》はみずから、その衣冠《いかん》を万国一《ばんこくいち》（世界一）と称している。もっとも、その風致《ふうち》（趣き）は、おそらくは万国一であろう。しかし、袖《そで》が長く、笠《かさ》は大きいため、動きにくいのも、また、おそらくは万国一かもしれない。

かの国の人の挙動は優柔《ゆうじゅう》であり、まったく活発にはならないことの原因にも、この万国一の衣服が助けとなって力を与えているかのようだ。

韓人の衣服は、誠に美しい。しかし一方で、その家屋が※蟹居燕巣《かいきょえんそう》のようなのは、誠に醜《みにく》く、ほとんど豚小屋と評してよいほどのものである。衣冠の美と、家屋の醜とを比較してみれば、霄壌雲泥《しょうじょううんでい》（天と地、雲と泥）ほどの差がある。

かの国の人たちに見合っているのは、衣冠なのか、はたまた、家屋なのであろうか。

※　蟹居燕巣……蟹が住む穴のように狭く、燕の巣のように脆《もろ》い。

井底《せいてい》の蛙《かわず》

京城《けいじょう》（ソウル）にある英国領事館で雇《やと》われている韓人《かんじん》の某《なにがし》が、かつて、私に語ったのには、「イギリス人は、喫煙代が、一日に五十両を超えます。五十両といえば、一家数人の口を糊《のり》する（なんとか食べていける）だけの額です。その驕奢《きょうしゃ》を、思い浮かべてみてください。驕《おご》るものは久しからずと言いますが、イギリスの滅亡も近いのではないでしょうか」。

ああ、かの貧弱《ひんじゃく》な朝鮮に生まれ、糟糠《そうこう》（貧しい食事）と、あくせくした生活に追われ、世の中には、自分たちの他に、桂薪玉炊《けいしんぎょくすい》（たきぎが香木より高く、食物が玉より高い）の富者がいることを知らない。

自分の価値観で、他人を推論し、一日五十両の煙草代を驕奢の極《きわ》みと叫ぶ。その井底《せいてい》の痴蛙《ちあ》（井の底のおろかな蛙《かわず》）は、とくに一笑に付すべきものだろう。かの国の五十両は、わが国の一円五十銭にすぎない。驕奢というほどのものでもない。

古瓦《こがわら》と土偶《どぐう》

わが国の古瓦《こがわら》で、現存するものを見ると、布目瓦《ぬのめかわら》でないものは、ほとんどない。かの国の瓦は、新古にかかわらず、すべて布目瓦である。瓦の製造は、彼（朝鮮）より我（日本）に渡来して、それから、その製法を変化させたものなのだろう。

釜山（プサン）から東萊府《とうらいふ》（トンネ）へ向かう途中、金井山《きんじょうさん》の山腹に、小さな寺がある。唐《とう》の貞観《じょうがん》年中（六二七―六四九）の創立に遡《さかのぼ》る。以後、何度かの回禄《かいろく》（火災）を経《へ》たため、昔時《せきじ》の状態を、再び見ることはできないが、なお、当時の美術のすぐれたところを思い起こすことができよう。

小さな土偶《どぐう》（土製の像）の残欠（一部）が、山神廟《さんしんびょう》のそばに残されているのを見た。これは、結跏趺坐《けっかふざ》（あぐら）をした老僧の像で、その鬚眉頰鬢《しゅびきょうへき》（ひげ、まゆ、ほお、衣服のひだなどのつくり）は、たいへん神々《こうごう》しいものである。

便所

一般的には尿《にょう》を穢《きたな》いものと考えるが、かの国の人は、これを湯や水のように心得ており、穢いとも思わない。このことは、かの国の人が、不潔な人種であることの、一つの例《れい》証《しょう》とするに足りるであろう。私は、なんと、小便で顔を洗うところを目撃したことがある。その人が言うには、「肌艶《はだつや》がよくなる」と。

さらに、室内に真鍮《しんちゅう》製の溺器《しょうべんつぼ》を置き、客を迎える席でも、これを目につかない場所に移すようなことはしない。そればかりか、尿意を催《もよお》すと、すぐにこれをとって用を足し、また傍《かたわ》らに置く。たとえ、習慣《しゅうかん》でそのようにしているのだといっても、不潔極《きわ》まりないというべきだろう。

また、婦女が尿瓶《にょうびん》を頭上に載《の》せて、田畑へ赴《おもむ》く光景は、とくに珍しいことではない。彼女たちが陰部《いんぶ》を洗うときには、必ず小便を用いるという。これは、梅毒などの伝染を防ぐためであると。

戴《たい》帽《ぼう》令《れい》

京城《けいじょう》（ソウル）在住のわが居留地民が外出するときは、必ず帽子を戴《いただ》かなくてはならない。もし、帽子を戴かずに外出してしまったなら、罰金五十銭が徴収される。ただし、路《みち》ばたに放尿しても、問われることはない。こんなことからも、朝鮮京城の風俗を知ることができよう。

客《かく》主《しゅ》

政府の特別な許可を得て、ある地方の物産を販売するものを都《と》客主《かくしゅ》と称し、また、許可なく、勝手に問屋を営《いとな》むものを客主《かくしゅ》という。

都客主がいる地方では、客主は、建前上《たてまえじょう》、営業することができない。そこで、都客主に賄賂《わいろ》を贈り、あるいは税金《ぜいきん》を納《い》れて、その許可を受けるという方法をとる。

このとおりであるから、都客主の勢力はたいへん強く、たとえば、その地方で産出する牛皮《ぎゅうひ》を買い入れようとするときも、都客主が「一枚あたり二百文《もん》で売るように」と命じれば、牛皮の持ち主は、やむをえず、その価格で売らなくてはならない。

もし、自由勝手に、他の客主に売り渡すことがあれば、都客主は、その場で物品を没収し、持っていってしまう。そのため、持ち主が、他の地方で売却しようとするときは、運搬の不便から来る相当の費用がむだにならないように、圧制《あっせい》（権力による強制）とは承知しながらも、唯々諾々《いいだくだく》（言いなり）となる境遇に甘んじなくてはならない。

そのさまは、まるで、わが国の紳商《しんしょう》（豪商）たちが、官威《かんい》（お上の権威）を借りて貧民の財を奪っているのに、似たところがある。

野鄙《やひ》

かの国の人は、一般的に自屈的《じくってき》（自分はだめだと思い、他人に頼る）で、乞丐《こじき》根性がある。私たち外国人に対しても、自国への恥というものを持たない人間である。

私が内地《ないち》を旅行して、客舎《はたごや》に泊まったときには、近隣の韓人《かんじん》たちが珍しげに集まってきて、狭い室内は、たちまち人でいっぱいになる。

彼らがたがいに語っている内容を聞くと、「衣服は、木綿《もめん》だろうか、絹布《けんぷ》だろうか」「珍しいものを持っているだろうか」「歳《とし》はいくつと思うか」「髭《ひげ》がたいへん濃いようだが、糊《のり》で固めてはどうだろうか」「眼鏡《めがね》は、玉《たま》だろうか、硝子《がらす》だろうか」など、口々に評《ひよう》しあっているのが、常である。

そこで、言いたいことを聞いてみたところ、彼らが言うのは、「眼鏡の価格は、いくらですか」「薬を持っていますか」「煙草《たばこ》を一本ください」「その手帖をいただけませんか」など、まるで乞丐がするような言葉なのだ。

慈眼《じげん》で衆生《しゆじよう》を見るという本願《ほんがん》（一般庶民を慈《いつく》しみのまなざしで見るという誓い）もいつかは忘れ、厭悪《えんお》の情まで催《もよお》すことが、たびたびある。

一日かけて、ある両班《りようはん》（ヤンバン）の家に招かれたときのことである。私の他に、席上に数人の客がいたが、ひそかに、彼らが話す私語に耳を傾けたところ、「私が持っていた鉛筆をどうにかして手に入れられないか」ということのようだった。

私は一計《いつけい》を案《あん》じ、筆をとって、主人に聞いた。「あなたがたの国の人は、私にものを尋《たず》ねるとき、必ず何かを乞《こ》うているのです。私は、心の中でこのことを不思議に思ってきました。よく知らないので教えていただきたいのですが、人に物を乞うのは、あなたがたの国の礼なのでしょうか。あえて、お聞きいたします」。

両班たちは、いたく恥じているかのようで、すぐに返答した。「これは、おそらく戯言《ざれごと》（冗談）でしょう。実際に、物を乞うているわけではありません」。

京城《けいじょう》の金利《きんり》

京城《けいじょう》（ソウル）における金利《きんり》は、けっして、安いものではない。その質屋《しちや》の利息は、十円以下の場合、一割で、十円以上の場合は、七分五厘《ぶりん》である。また通常、相互信用上の貸《たい》借《しやく》や抵当借入《ていとうかりいれ》の場合は、すべて五分の利子を律《りつ》としている。

正月の遊戯《ゆうぎ》

正月の遊戯《ゆうぎ》は、両村の人たちが、たがいに敵と味方に分かれて、石を投げあい、勝敗を決する。その勝敗によって、両村の一年の吉凶《きつきよう》を占うという。

ところが、はじめのうちは、ただの遊戯であるのだが、ともに火花を散らして戦うようになり、まるで戦争か何かのように、一進一退《いつしんいつたい》、一虚一実《いつきよいちじつ》、たがいに負けるな劣《おと》るなと争ううちに、毎年死傷するものが少なくない。筑前国《ちくぜん》（福岡県）箱崎八幡《※はこざきはちまん》の玉争《たまあらそ》いが進化する以前の形を残したものか。

※ 箱崎八幡の玉争い……筥崎宮《はこざきぐう》の玉競《たませせ》り。一月三日、男たちが一個の玉をめぐって争い、一年の吉凶を占う。

編《あ》みもの

かの国では、現今の美術物に、ひとつとして感服《かんぷく》できるものはないが、笠《かさ》や冠《かんむり》などを馬の尾で編んでいるところなどを見れば、その指先の達者なのに、すっかり驚かされる。ある人が、評《ひょう》して言うには、「これは、蜘蛛《くも》が巣をこしらえているかのようだ」。蜘蛛が巣をこしらえるかのように、彼ら職人の技術は、たしかに巧《たく》みであるのだが、その技術を他に転用することができない。笠や冠を製作する技術の巧みさを、他に移すことができていれば、朝鮮の美術が、こうして今日に停滞することもなかったであろう。とはいえ、この評価も、彼ら職人には、たいへん酷《こく》なものである。彼らに教え、彼らを指導する人がいれば、その才能が発揮されないことがあるだろうか。

京城《けいじょう》の大通路

京城《けいじょう》（ソウル）市中で、わが東京の日本橋通《にほんばしどおり》にも相当するような繁昌地《はんじょうち》が、南大門《なんだいもん》より鐘楼《しょうろう》に通じる大通路である。支那人《しなじん》は、この地で商業を営《いとな》もうとしている。

その一方で、わが居留地は、南山《なんざん》の下、泥峴《でいけん》と称する横町《よこちょう》で、商業地というよりかは、むしろ、隠棲地《いんせいち》とでもいうようなところを占《し》めている。

わが国の居留地と、支那人のいるところとを比較してみてほしい。わが国と清国《しんこく》の対韓《たいかん》政策《せいさく》は、ただ、その政策面でのみ、数歩遅れているのではない。商業面についても、私たちは、彼らに数歩を譲《ゆず》っているのである（112ページの「日本人と清国人の勢力比較」の項を参照）。

もちろん、近ごろでは、わが国の居留地民も考えたものと見え、領事館《りょうじかん》を南大門へ移すべきだと主張するものがあるが、とかく世俗のとるに足りない意見に制《せい》せられて、いまだ、その運びにはいたっていない。

それでも、南大門通に、わが国の巡査交番所ができ、三、四軒の雑貨商店を見るようになった。※桃李不言《とうりふげん》、下自為蹊《かじいけい》の言いならわしに違《たが》わず、ゆくゆくは、わが国の人で南大門通に移るものも、数を増していくのだろうか。

※　桃李不言、下自為蹊……正しくは、「桃李不言、下自成蹊」。桃の木やスモモの木は言葉を発しない

水桶を肩にする韓人の図

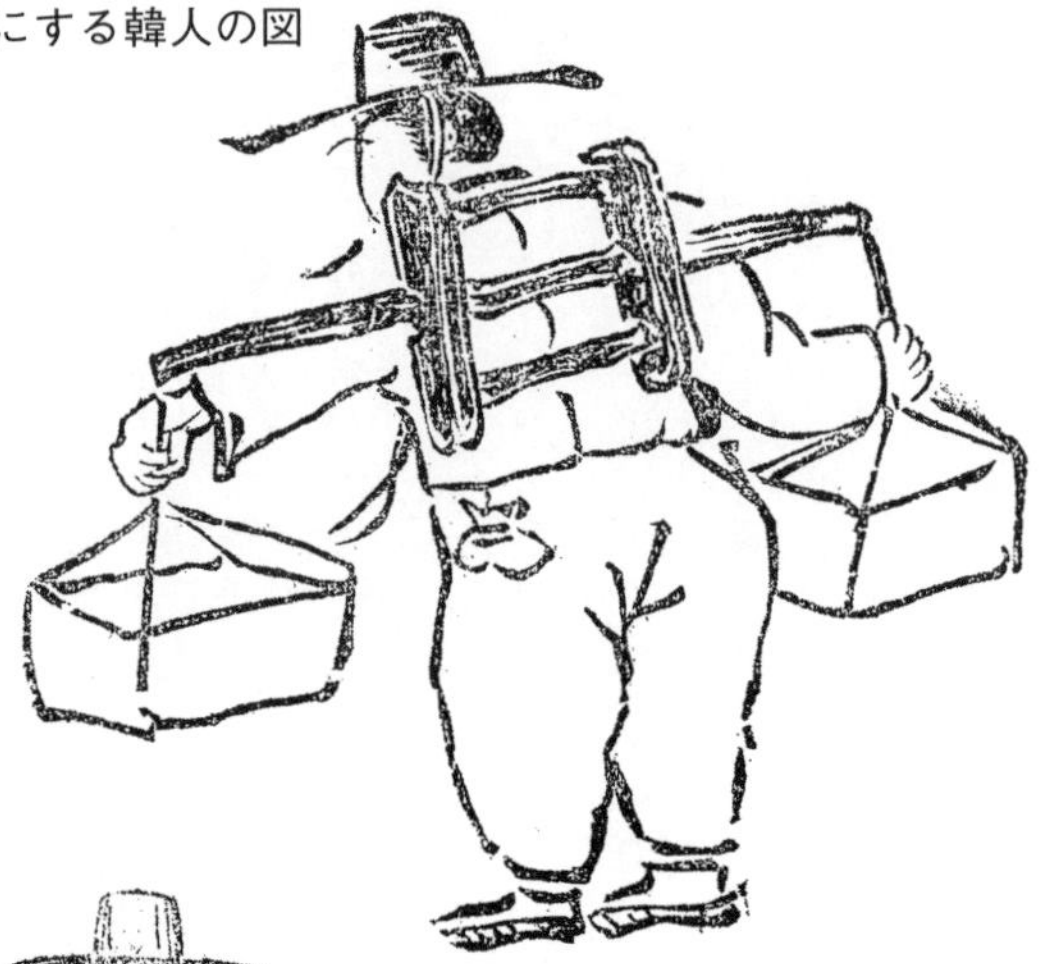

朝鮮商人の図

が、その下には、おのずから道ができているものだ。人徳のある人のもとには、何も言わなくても、周囲の人が寄ってくることのたとえ。

南大門《なんだいもん》の朝市《あさいち》

南大門《なんだいもん》の内外には、毎朝、暁《あかつき》より八時ごろにいたるまで、朝市《あさいち》なるものがあり、有無《※うむ》を交換する。日、清、韓の商人が各々、その売りたいものを持ち寄って、什一《じゅういち》（十分の一の利）を追っている。そのさまは、いかにも、わが国の縁日《えんにち》に似ている。ただ、植木屋だけは見ることがない。

※　有無を交換する……おたがいが、手もとに有るものと無いものとを交換することから、売買の意。

仁川市場の図。近くに見える葺屋は朝鮮家屋である。
これに続く、街区が端正で、道路が平坦なところは、
わが国の人の居留地である

道路

私がはじめて、釜山《ふざん》（プサン）より陸路を京城《けいじょう》（ソウル）に入ったときのことである。※東《とう》萊《らい》（トンネ）温泉《おんせん》に宿して、李《り》※別将《べっしょう》という人と筆談《ひつだん》を交わし、京城にいたる駅次《えきじ》（宿場の行き順）を尋《たず》ねた。

別将は、私のために、たいへん詳細に教えてくれた。それによると、梁山《りょうざん》、蔚山《うるさん》、龍《りゅう》宮《ぐう》を経《へ》る道と、※亀浦《きぽ》、院洞《いんどう》、密陽《みつよう》を経る道が、京城へ至る二大通路で、前者は、後者よりも迂回《うかい》（遠回り）しなくてはならないという。

私は、彼の言《げん》に従って、後者の道をとることにした。東萊温泉の背後にある高山を攀《よ》じのぼり、二里ばかり行くと、小さな村に出てきた。ここが亀浦である。別将の言によれば、この亀浦で、京城に達する大道《たいどう》に接続しているという。

ところが、一本の小径《こみち》のほか、大通路といえそうなものはない。不思議に思ったが、分かれ道で迷うようなところもないので、この小径を進んでいけば大道に出るのだろうと、たどりゆくも、ついに大道といえるものは見当たらなかった。

そこではじめて、別将が説明してくれた大道が、この小径であることを知ったのである。私は、かの国の道路事情が悪いことに、たいへん驚いた。

かの歴史をひもといてみると、新羅《しらぎ》の世には、すでに、民に対して牛車《ぎゅうしゃ》の法《ほう》を教えたなどとある。どうやって、このような道路を、牛車が通行できたのだろうかと、ふと思った。釜山より京城までの道路は、蔚山あたりまで来ても、それまでと同じで、わが国の里《り》道《どう》（いなか道）と比べても凹凸《おうとつ》がひどく、軍隊は一列にならないと行軍《こうぐん》できないだろう。

京城より北に向かって、松都《しょうと》（ソンド）、瑞興《ずいこう》、鳳山《ほうざん》、黄州《こうしゅう》、平壌《へいじょう》（ピョンヤン）などを経て、※鴨緑江《おうりよっこう》の畔《ほとり》の義州《ぎしゅう》（ウィジュ）までの道路事情は、それほどまでに悪くない。たいがいは、二列の軍隊が行軍できる広さもある。

推測《すいそく》すると、この義州街道は、重要な支那《しな》からの使臣《ししん》（清皇帝の使者）が往来《おうらい》するための道である。事大《じだい》の結果として、他の道よりも立派にしつらえる必要が生《しょう》じ、このような修《しゅう》繕《ぜん》がなされたのではないだろうか。

※　東萊温泉……釜山市街の北、最初の宿泊地。

※　別将……朝鮮における武官の階位。
※　亀浦……クポ。釜山の北方に位置する。
※　鴨緑江……朝鮮（現在の北朝鮮）と中国の境を流れる、古来の重要河川。

農圃《のうほ》

農業は、田植えのときが最も忙しい時期で、早天《そうてん》（早朝）より、家族親戚の全員が揃《そろ》って、仕事に赴《おもむ》くのである。

先頭の一人が、「農者天下之本《のうはたんかのもと》、何々洞《なになにどう》」と書かれた旗を翻《ひるがえ》し、太鼓《たいこ》、銅鑼《どら》、喇叭《らっぱ》など、おもいおもいの鳴物《なりもの》を打ちならしつつ、これに続く人たちは、異口同音《いくどうおん》に節《ふし》おもしろく俚謡《りよう》（民謡）を唄って、笑いどよめき、繰《く》りゆくさまのおかしさ。ところ異《かわ》れば、品《しな》かわる。他郷天涯《たきようてんがい》（他国から一人来た）の私には、とても珍しく思われた。

田に着くと、旗を畝畔《あぜ》に立て、楽器《がっき》をその下に置き、仕事につくのである。そして、昼《ひる》飯《めし》が終わると、小間《しばし》の休息《やすみ》のあいだには、再び同じ音楽を奏《かな》で、みな興《きよう》じている。日暮《ひぐ》れて、夕陽《ゆうひ》を負って帰るときも、また同じである。

降雨時は、一人として田畑に出て働くものはない。雨が降りつづくときには、大切な田植えの機会をのがしたとしても、意に介《かい》さないかのようだ。

農圃《のうほ》は、人屋《いえ》や市街《まち》が無様《ぶざま》なのとは異なり、たいへん整然《せいぜん》としている。まさに、「兀《こつ》とした（高くそびえる）山麓《さんろく》、杳《よう》とした（はるか遠い）水畔《すいばん》（河の水辺）。老爺《おやじ》が、鋤《すき》を収めるとき、牧童《ぼくどう》は、牛に跨《またが》る」の場所。心事淡々《しんじたんたん》（心中わだかまりなく）、この風光は、真に愛するに足るものである。

鱶肉《ふかにく》

鱶《ふか》の鰭《ひれ》は、支那人《しなじん》の嗜好物《しこうぶつ》で、その価格は、たいへん高い。そういうこともあって、鱶の漁《りよう》は、ただ鰭のみを切りとると、その肉は海中に捨てるのが、常である。

わが友の※武田紫陽《たけだしよう》という人が、一昨年、全羅道《ぜんらどう》の金甲島《きんこうとう》に住居《すまい》を構まえ、一隊《ひとくみ》の漁民とともに、この仕事に従事した。このとき、武田が思ったのは、鱶の肉をむなしく海に捨てるのは、たいへんもったいない、ということだった。この肉を塩漬けにして、釜山（プサン）の日本人居留地に送れば、それなりの利益があるかもしれないと。

さっそく試しにと、二、三匹の鱶の肉を、長さ二尺ばかりに切り、わずかに塩をして船に積み、釜山をめざして漕《こ》ぎだした。

時、あたかも夏の初めであったので、二、三日を過ぎないうちから肉は腐敗して、怪《あや》しい臭気が、船底から蒸《む》し上がってきた。そして、四、五日経《た》つと、蛆虫《うじむし》が湧《わ》いて、このまま釜山まで行けば、虎列刺《これら》病伝染の媒介《ばいかい》にもなるやもしれないと、同船する人たちからも強く罵《ののし》られたが、とはいっても、せっかく携《たずさ》えてきたものを、途中で棄《す》てていくのも本意（本心）ではない。

どうしようかと思い悩んだ結果、洛東江《らくとうこう》（ナクトンガン）の河口を遡《さかのぼ》って、買手《かいて》を韓人《かんじん》に求めようと企《くわだ》てた。

少し漕ぎのぼって、鳴湖《めいこ》というところへ着くと、久しくそのまま船底に閉じこめていた鱶肉をとりだして、河岸《かし》に運びあげた。臭気は鼻を衝《つ》き、数知れないくらいの蛆虫が這《は》いだしていたが、肉じたいはそれほどには変化がなかった。

すると、多くの韓人たちが集まってきて、売ってくれと求めた。一斤《きん》少しずつ売れば、彼らはそれほど高いとも言わずに、わずかな肉の大きさの違いで「これは大きい、これは小さい」などと評《ひょう》しあいながら、臭気や蛆虫を気にすることもなく買っていった。たちまち、肉は売りきれとなって、思わぬ利益を得たという。

※　武田紫陽……未詳。

堤防《ていぼう》

朝鮮八道《はちどう》（全土）を流れるいずれの川も、平生《へいぜい》、水は少なく、あるいは、まったく乾涸《かんこ》（干《ひ》からびる）したものさえあるが、少しでも雨が降れば、水量はたちまち増して、降雨の日が数日にわたると、洪水氾濫《はんらん》、滔々《とうとう》として田地を浸《ひた》す。そのため、かの国の人は、なるべく河畔《かわべり》を避け、耕作を営《いとな》んでいるのが常である。

これも、堤防《ていぼう》の事業が未発達だからである。堤防の技術がないことで、河畔に耕作に適した土地があったとしても、種子《たね》をまいて、苗《なえ》を植えることはできない。たとえ、せっかく種子をまき、苗を植えても、ひとたび洪水の害を受ければ、一粒の収穫も覚束《おぼつか》ないからである。それで、耕すべき良地も、みすみす禽獣《とりけもの》が奔《はし》るのに任せるしかない。

身近な例を引けば、釜山（プサン）より亀浦（キポ）を経て金海《きんかい》（キメ）に達するあたりの、洛東江《らくとうこう》（ナクトンガン）の三角地《さんかくち》などでは、数十里四方のたいへんな良地であるにもかかわらず、ただ荒れはてるに委《まか》せている。ひと鋤《すき》も加えることなく、万斛《ばんこく》（大量）の収穫を棄《す》ててしまうことは、水を恐れるとはいっても、もし、堅固《けんご》な堤防を築《きず》き、水勢を殺《そ》いで、氾濫がわがもの顔で起こるのを防ぐことができたら、年々の収穫は莫大《ばくだい》なものとなるだろう。

ところが、彼ら韓人は、手をこまねいて、天然の地形を前に嘆息《たんそく》する（ため息をつく）だけなのは、まったく愚かなことといわねばならない。

ましてや、この三角地では、たいてい、※五年に五回ほどの水害が起こるだけであって、それさえ川岸に竹を植えるだけで、大きな水害は抑《おさ》えることができると聞いている。これなど、一挙手一投足《いっきょしゅいっとうそく》の（ほんのわずかな）労ではないか。

ああ、かの国の人は、ただただ天然にある好地勢に種をまき、苗を植えることを知るだけであって、人間の工夫をもって、天然の悪地勢を変えられるということを知らないのである。

※　五年に五回……五年に一回の誤りか。

共同的精神《きょうどうてきせいしん》

堤防《ていぼう》の事業に限らず、なんの事業にしても、人々が共同《きょうどう》して、その事業を大成するなどということは、到底《とうてい》、かの国の人には望むことができない。道路が修理されず、衛生が不行届《ふゆきとどき》であるようなことも、まったく、この共同的精神を欠く結果である。

そのため、いかに利益のある事業でも、個々人が、小資本をもって小刀細工《こがたなざいく》的に営《いとな》む習癖《しゅうへき》があって、安東布《あんどうぬの》、花莚《はなむしろ》、扇子《おうぎ》、団扇《うちわ》などの、すぐれた特産品があるにもかかわらず、供給する側は、常に需要側が多いのに反して、いっこうに増えない。広く海外に販路を開こうとする希望もなく、商工業は依然《いぜん》として発達の域に進んでいない。

国家が常に貧弱であることもまた、彼らが、まったく共同的精神を持たないことに起因《きいん》しているとしか言いようがない。

郊外の遊猟《ゆうりょう》

樹木が葉を落とし、寒風《さむかぜ》が枝を鳴らすころ、銃《じゅう》を肩にしていき郊外に遊ぶ。蒼天《あおぞら》に舞うものは、鶴《つる》、鷺《さぎ》、碧水《みず》に泳ぐものは、鴻雁《がん》。雉《きじ》は、足音に驚いて前山《ぜんざん》に飛び、鳩《はと》は、落穂《おちぼ》に飽きて樹梢《こずえ》に帰る。鳥が多いのは、たしかに、かの国の特徴であろう。京城《けいじょう》（ソウル）から二里のところにある揚花渡《ようかと》、釜山（プサン）から二里にところにある巌弓《がんきゅう》、これらはいずれも、わが国の居留地民が好んで遊猟《ゆうりょう》に赴《おもむ》く地である。京城の遊猟地は、漢山《かんざん》を雲ぎわに望んで漢江《かんこう》を左にし、釜山の遊猟地は、洛江《らくこう》（洛東江）を隔《へだ》てて金海《きんかい》（キメ）の燧台《すいだい》（のろし台）を指している。風景佳麗《けしきうるわしく》、正大《せいだい》の気（まっすぐで広い心）を養うに足るものである。

武官《ぶかん》

かの国の武官《ぶかん》は、名ばかりで、※孫呉《そんご》の※素読《そどく》もできず、武芸《ぶげい》とは何ごとかも知らないような両班《りようはん》（ヤンバン）が、政府に金銭を納《おさ》めて任用《にんよう》されたものである。僉使《せんし》、水使《すいし》、兵使《へいし》、兵馬節度使《へいばせつどし》など、名だけは立派な官名がついているが、その実は、地方官である府使《ふし》や郡《ぐん》使《し》の類《たぐい》と同じく、ただ、民衆への暴斂《ぼうれん》（苛斂誅求《かれんちゅうきゅう》）をほしいままにする、虎や狼《おおかみ》のような残虐な連中というだけだ。

そのため、武官といっても、文官《ぶんかん》に対する一個の名称にすぎないから、兵卒《へいそつ》を率《ひき》いて母国の守衛をするわけでもない。

近ごろ、朝鮮が、※巨文島《きよぶんとう》に僉使を置いたといって、わが国の諸新聞紙には、たいそう大《おお》袈裟《げさ》に書きたてたものがあるけれど、あえて国防上の緊要《きんよう》のために、これを置いたのではないのである。多分、売官《ばいかん》（賄賂を受けて官職を売る）の都合上、そうなっただけであろう。

武官の礼服は、胸と背中に虎を刺繍《ししゅう》している。また、甲冑《よろいかぶと》で武装するときもあるが、平常服は、文官とほとんど同じである。

※孫呉《そんご》……孫子と呉子。つまり、中国の基本的な兵法書。

※素読……素《す》読み。とくに意味をとらずに、読みあげること。つまり、朝鮮の武官は、孫子などの基本的な兵法書を開いたことすらないというのである。

※巨文島に僉使を置いた……巨文島（コムンド）は、朝鮮南部の沖合に浮かぶ島。比較的日本に近い、洋上の要衝《ようしょう》であることから、対日本の新戦略ではないかとする見方が起こったが、それに対し、著者は、かいかぶりであって、「売官の都合上、そうなっただけ」と否定している。つまり、他の役職がいっぱいになったので、新たに設置したにすぎないということだろう。

言語《ことば》と文章

言語《ことば》は、八道《はちどう》（朝鮮全土）いたるところ、すべて同じである。ただ、ところによって語《ご》調《ちょう》の変異や、訛言《なまり》があるくらいだ。

たとえば、慶尚道《けいしょうどう》や全羅道《ぜんらどう》では、油を「チルム」というのを、京畿道《けいきどう》や忠清道《ちゅうせいどう》では「キルム」といい、京畿道や忠清道で「どこへ行く」を「オーテグーショ」というのを、慶尚道では「オーテ、カーヌンギョ」というようなものである。

そういうわけで、たとえ、咸鏡道《かんきょうどう》（朝鮮の最北）の人と全羅道（朝鮮の最南）の人が出会うことがあっても、薩州人《さつしゅうじん》（鹿児島の人）と奥州人《おうしゅうじん》（東北の人）が出会ったときのような奇《き》状《じょう》（ミスマッチ）が起こることはない。

さて、八道のうち、最も善《よ》い（標準的で、きれいな）言語を話す地は、忠清道の忠州《※ちゅうしゅう》とされている。語格整正《ごかくせいせい》、話調穏雅《わちょうおんが》、はるかに京城《けいじょう》（ソウル）のそれを凌駕《りょうが》するものである。

文章の種類に数種あることは、ほとんど、わが国のようである。

一、純漢文　二、朝鮮的漢文
三、吏頭《りとう》文　四、吏頭混《ま》じり漢文
五、諺文《おんもん》（ハングル）　六、漢字混じり諺文

純漢文は、わが国の場合と同じで、わずかに学者のあいだで用いられるだけである。あたかも、わが国の腰越状《※こしごえじょう》のような文体で、官衙《かんが》（役所）の訓令《くんれい》などは、すべてこの文体を

用いる。

諺文は、いわゆる言文一致体《げんぶんいっちたい》の文体で、小説、伝記、書牘《しょとく》（手紙）などに用いられる。

吏頭文は、いわゆるわが国の万葉仮名《まんようがな》文である。現在、用いられることは、ほとんどない。

吏頭混じり漢文は、金銭貸借証文《きんせんたいしゃくしょうもん》や起請文《きしょうもん》、中流人士《じんし》の書牘文などに用いられる。

漢字混じり諺文は、ただ稀《まれ》に見るだけである。一般人士の用いるものではない。

※　忠州……チュンジュ。忠清道の中心都市。現在の韓国のほぼ中央に位置する。

※　腰越状……源義経が、兄・頼朝に送った嘆願書。原文は、カナの混じらない、格調高い純漢文である。

牧業《ぼくぎょう》

山腹に石塀《いしべい》を繞《めぐ》らし、まるで昔時《せきじ》の城郭《じょうかく》と思われるようなものが、いたるところ多くある。これは、かつて馬を放牧した跡である。現在の牧場《まきば》もまた、これと同じ。八道《はちどう》（朝鮮全土）の牧場は、すべて官府《かんぷ》（国の役所）が支配するものであって、監牧官《かんぼくかん》というものに、これを主宰《しゅさい》させている。

牧馬《ぼくば》は、すべて野放しで、玄冬《げんとう》（冬）の寒い夜も、三伏《さんぷく》（盛夏）の暑い日も、あえて小屋《こや》懸《か》けはしない。また、とくに食料を与えることもなく、孳尾《じび》（交尾して、子を産み育てること）も自然に任せ、ただその繁殖を待って、これを捕まえ、人に売り渡すのである。

そのため、かの国の馬は、そのなりは小さいけれども、その性はたいへん慓悍《ひょうかん》（荒々しく強い）である。

この馬を買った人は、自分の家で養って、よく馴《な》らしてから、使役に用いる。あたかも、封建時代の※相馬《そうま》藩での牧馬と同じである。

牧牛《ぼくぎゅう》には、とくに牧場というものはなく、七、八匹の牛を飼う家が、最大の牧牛家である。慶尚道《けいしょうどう》の牛は、そのなりが、あまり大きくないが、他道の牛は、わが国の※南部産《なんぶさん》のものよりも大きい。かの国の牛はすべて、たいへん温順《おんじゅん》で、よく耕作にも服《ふく》する。

山羊《やぎ》と豚は、いたるところで飼われている。

かの国の人は、馬肉は食べない。しかし、牛肉は、たいへんよく嗜《たしな》む。屠牛《とぎゅう》は、各国郡県で、上限の数が定められていて、これを越えることはできない。また、屠牛には、一頭につき、少しの銭文《せんもん》を官府《かんぷ》（国の役所）へ納《おさ》めなければ、許可を得られない。

この屠牛の制限の法は、元来、牧牛を保護するための政策から出たものであるが、今はただ、むやみに貪官《どんかん》（強欲な役人）が私財を得るための道具となってしまっている。

※　相馬藩での牧馬……相馬藩は、福島県北部海側の地域。相馬野馬追《そうまのまおい》が受けつがれていた。

※　南部産……かつて南部藩が産出した在来馬。南部藩は、岩手県盛岡《もりおか》や青森県八戸《はちのへ》を中心とする地域。

今や、気概《きがい》は、まったく死す

今ある朝鮮は、明《みん》の援助に頼ることで、高麗に代わって八道《はちどう》（朝鮮全土）に君臨することができたのである。それに加えて、壬辰《じんしん》の役《えき》（文禄《ぶんろく》の役）でも、再び、明の援助を借りたために、明と朝鮮の関係は、いよいよ水魚《すいぎょ》の誼《ぎ》（水と魚の親しい交わり）を固くするようになった。

しかし、満洲《まんしゅう》の豪傑《ごうけつ》、※愛新覚羅《あいしんかくら》が、剣をひっさげて起《た》つと、それに逆らう兵は一人となく、明朝《みんちょう》の祚《そ》（皇帝の位）は、ついに※胡人《こじん》の手に移ることとなった。

朝鮮王※粛宗《しゅくそう》の義は、これを傍観《ぼうかん》することができなかった。彼には、中原《ちゅうげん》（中華の地）を回復しようとする志《こころざし》があった。※徐恥菴《じょちあん》の智《ち》は、しっかりと兵糧《ひょうろう》を蓄《たくわ》え、※金仙源《きんせんげん》の勇《ゆう》は、みごとに※胡兵《こへい》（清の兵）を退《しりぞ》けたが、※胡軍《こぐん》（清国軍）が長駆《ちょうく》（遠征）して※漢陽《かんよう》にせまり、国王が※蒙塵《もうじん》（都落ち）し、※南漢《なんかん》に避難すると、遺恨《いこん》（深い怨《うら》み）を呑《の》んで、やむなく款《かん》を通じる（条約を交わす）こととなった。

当時の朝鮮にあった気概《きがい》を知ることのできるものとして、一絶《いちぜつ》（一編の詩）がある。

「※白頭山石磨刀尽、豆満江水食馬無、男子二十未平国、後世誰称大丈夫。」

ああ、今や朝鮮人で、この詩に対して恥じずにいられるものは、はたして何人いるだろうか。位が高いものも、低いものも、昏々《こんこん》として（意識がないまま）、その気概《きがい》は、すでに死んでしまっている。ああ。

※愛新覚羅……ホンタイジ（皇太極）。父・ヌルハチの跡を継ぎ、実質的に清を建国した。
※胡人、胡兵、胡軍……一六三六年、清軍が朝鮮侵攻を開始した件を、丙子胡乱《へいしこらん》という。「胡」は、中華、漢民族から見た、夷狄《いてき》（蛮族）に対する蔑視を含む表現で、朝鮮もその用法にならった。東《とう》夷《い》、西胡《せいこ》、南蛮《なんばん》、北狄《ほくてき》のうちの西胡（西の蛮族）。もっとも、その朝鮮も、中華から見れば「東夷」である。
※粛宗……仁祖《じんそ》（インジョ）の誤記。仁祖は、第十六代朝鮮国王。粛宗は第十九代国王で、五十年ほど後世の人物。
※徐恥菴……未詳。
※金仙源……仁祖の時代の文臣。丙子胡乱に先立つ丁卯《ていぼう》胡乱（一六二七年）で、首都防衛を担当した。丙子胡乱では、江華島《こうかとう》に移るが、この地で自死した。
※漢陽……朝鮮時代のソウルの正式な名称。
※蒙塵……ちり（塵）をかぶる（蒙）こと。身をひそめて都落ちするさま。
※南漢……南漢山城。ソウル市街の南東、約二十五キロのところにある。仁祖は、清軍にとり囲まれ、この城に一カ月間立てこもった。
※白頭山石磨刀尽、豆満江水食馬無、男子二十未平国、後世誰称大丈夫……大丈夫は、立派な人物。白頭山《はくとうさん》（朝鮮と中国の境にある名山）の石を磨《みが》く刀が尽きようとも、豆満江《とまんこう》（朝鮮と中国の境を流れる河）の水を飲む馬が一頭もいなくなろうとも、それほどの長い時間が経ったところで、わが国は平《たい》らぐことはない。少なくとも、小さかった男の子が二十歳になって、わが国はいまだ平定され

ていないのである。このままでは、後世の誰が、私のことを立派な人物と称するだろうか。いや、嘲笑《ちょうしょう》されるにちがいないのである。もう一度、わが朝鮮民族の手で、胡人に支配された国土を立て直さなくてはならない。

地券状《ちけんじょう》

かの国には、地券状《ちけんじょう》（登記証）というものがない。そのため、地所《じしょ》（土地）や家屋を売買するときには、とくに登記や登録などの繁文縟礼《はんぶんじょくれい》（こまごまと、わずらわしい手続き）がなく、いたって簡便《かんべん》である。また、家屋を売買するといえば、地所はもちろん付属しての売買である。ただし、後日、不備などが起こらないように、売主は買主に譲渡証を交付する。

このごろ、釜山（プサン）と京城《けいじょう》（ソウル）で、地券を発行するようになったのも、外国人への家屋の濫売《らんばい》の悪習を防ごうとするためだとか。ところが、これも、地券を下付《かふ》することで、発行や手続きのための手数料を徴収しようとする、貪欲《どんよく》の考えより発想したものであって、濫売の悪習は、今日もなお昔日《せきじつ》のようだ。

絶影島《ぜつえいとう》

釜山《ふさん》（プサン）の港の口に横たわっている島は、絶影《ぜつえい》と名づけられている。その昔、壬《じん》辰《しん》の役《えき》（文禄の役）のときに、李舜臣《りしゅんしん》が、わが水軍を退《しりぞ》けた地とされる。

絶影島の山腹、わが居留地に面する場所に、一つの祠《ほこら》がある。李舜臣を祀《まつ》るものであるが、わが国の人たちは、朝比奈《あさひな》の社《やしろ》と呼んでいる。この呼び名は、かなりの孟浪《もうろう》（いいかげん）というべきだろう。

居留地の埠頭《ふとう》にある丘陵の高いところに、もう一つの祠がある。ここには、加藤清正《かとうきよまさ》が祀られている。よくもまぁ、驚いたことに、この清正の祠は、舜臣の祠と向きあっているのである。維新《いしん》前に、対州《たいしゅう》（対馬《つしま》）侯《こう》が、わが国の武運長久《ぶうんちょうきゅう》を願って建立《こんりゅう》したものであるという。

絶影島を、わが国の人は牧《まき》の嶋《しま》と呼ぶ。十数年前までは牧馬場《ぼくばじょう》だったためである。

わが国が、明治十七年の暴動《ぼうどう》の賠償金を韓廷《かんてい》へ返したとき、おおいに喜んだ韓廷が、この島を贈ろうとしたところ、わが使臣《ししん》（日本の外交使者）は辞退したという。今や、韓廷は、この島が要害《ようがい》であることを知り、わが国もまた、以前にこれを辞退したことを悔《く》いていると聞く。この噂話は、意外と真実に近いところかもしれない。

※明治十七年の暴動……甲申《こうしん》の政変。清への事大《じだい》政策をとる閔氏《びんし》一族に対し、日本と通じる金玉均《きんぎょくきん》らの独立党が起こした。しかし、このクーデターは、駆けつけた清国軍に制圧され、その過程で、多くの日本人居留民が、清国兵などによって虐殺されたり、強姦されたりした。

上疏《じょうそ》

専制《せんせい》の国体《こくたい》ではあるが、儒教国《じゅきょうこく》の跡を残し、古めかしく思われることに、下情上達《かじょうじょうたつ》の趣意《しゅい》から、人民の上疏《じょうそ》（上訴）を受理《じゅり》し、勅裁《ちょくさい》（国王の裁決）を下すというものがある。

これも、腐敗の結果として、中間に立つ役人がこれを遮《さえぎ》って、国王の聴聞《ちょうもん》にまで達しないことが多かったものの、形式だけは、立派に備《そな》わっていたのである。

まず、上疏しようとする問題があれば、同志と連署《れんしょ》して、白紙《はくし》に事情を細かく書き、これを紅絹《べにきぬ》で巻いて包み、同志とともに王居《おうきょ》の門までこの上疏状を持参し、そこにある机の上に置き、前に蓆《むしろ》を敷いて、昼夜、その上に座りこむと、上疏文が受理されるのを待つのである。

東学党《とうがくとう》の人々が、党首の崔《さい》某《なにがし》が冤《ぬれぎぬ》※で死んだことを訴えたときも、また、このようにした。

※　専制の国体……政治上の全権力が、国王などの特定の人物や集団・組織に集中した政体。独裁政治。

※　下情上達……下々の者の意見や事情を、上位の者がくみとる。

※　冤……反逆の汚名によって死罪にさせられたことに対して、名誉回復しようとしたのか。

饗応《きようおう》

かの国で、賓客《ひんかく》を饗応《きようおう》する場合、わが国のように山海の珍味を陳列《ちんれつ》して、賓客を酔わせ、飽《あ》きさせないようにするなどということなく、たとえ貴賓《きひん》を招待する場合にも、梨《な》子《し》、乾柿《ほしがき》、栗《くり》子の類《たぐい》と、豚、羊、家鶏《にわとり》、雉《き》子《じ》、野鴨《かも》などの鮮肉か、煮た肉と、魚類一、二品、漬物二、三品を、一つの膳《ぜん》に載《の》せて持ってくるだけである。

酒は、わが国の小さな薬缶《やかん》のようなものに入れて出すだけで、杯《はい》を二、三回交わすと、それ以上は強く勧《すす》めることもない。一瓶《ひとびん》の酒がなくなると、再び持ってくることはない。

この粗食、少飲の習慣だけは、たいへんよいものであろう。

ところが、馬食《ばしよく》（大食い）をするのは、かの国の人の特色であって、料理諸般《しよはん》のすべてにおいて、わずかの珍味を食べるよりかは、まずいものであっても、腹いっぱい食べたいと欲する風習がある。実際に、とくにおいしくないものでも、腹がふくれるままに食べるのが常である。

※千住《せんじゆ》の商人 某《なにがし》が、六十椀《わん》を食べたと聞いたことがある。韓人《かんじん》もまた、三舎《さんしや》を避《さ》く（相

手を立てる）のだろう。

かつて聞いたのは、野蛮人の胃袋は、開化人（文明人）のそれよりも大きいということだ。韓人が、私たちなら茶碗半分で満足するところ、二杯食い、それほど腹がふくれたといった様子もないのは、これこそ、韓人が野蛮人であることの徴候《ちょうこう》だろうか。そのことからも、饗応での彼らの挙動を想像できるだろう。

ある人が言うには、三港（釜山・仁川・元山）や京城《けいじょう》（ソウル）の領事館などで、各国の使臣《しん》（外交関係者）を招待して宴会を開くときにも、※なるべく洋食で饗応すると。これは、韓人の食い意地《いじ》があまりに強いために、もし日本料理を提供すれば、他の外国人が一箸《ひとはし》もつけていないうちに、遠慮や会釈《えしゃく》もなく食い散らして、他客の迷惑となるためだという。

※　千住の商人某……この部分は、余談である。千住は、東京の東北部にある地域。ここから来た日本人が、六十杯の飯をたいらげたことが、居留地民の間で話題になったのだろう。そこで著者は、このとき同席した韓人は、七十杯食べようと思えば食べられたが、遠来の客を立てたのだろうと、「三舎を避く」という重厚な表現を用いて、おもしろおかしく語っている。

※　なるべく洋食で饗応する……日本料理は分量が少ないので、早々に食べ尽くされてしまうというこ

と。それから、箸の使用に慣れていない西洋の客は不利になるが、フォークを用いる洋食であれば、それとは逆に、韓人の食べる速度が遅くなるということ。

万人《ばんにん》楔《けい》

万人楔《ばんにんけい》は、一種の富籤《とみくじ》である。地方官による公の許可を得て、参加者を募《つの》り、開票し、当選したものには、約束の金銭を与えるのである。

一票の価格は、ところにより、時に応じて、違いはあるが、大概《たいがい》五百文《もん》、日本の七十五銭が通例である。五百文を投じて参加すると、番号のついた切符が渡される。

かの国の人は、きわめて射倖心《しやこうしん》が強いため、誰もが、飯粒《めしつぶ》で鯛をつろうと妄想《もうそう》を懐《いだ》いて、参加者は五千人を下らない。

集まった金額の一割を賄賂《わいろ》として地方官に献《けん》じ、その残金を、一等五百貫文《かんもん》、二等は三百貫文、三等は百貫文……というように階級を立てて、ふりわける。一番からはじまって、売り渡した番号の票《ふだ》までを箱に入れ、開票の当日には、世話人なるものが、その箱を携《たずさ》えて、藁掛《わらが》けした開票場にやってくる。

そして、世話人は、一段高いところに上ると、公衆の面前で票を振りだして、その番号を発表する。当選したものは、その当選金の一割を世話料として渡すという仕組みである。

この万人楔に参加するものは、ただ韓人《かんじん》だけではない。支那人《しなじん》もあり、日本人もあり、たいへん盛大なものである。

近ごろ、釜山《ふさん》（プサン）日本人居留地西町裏に、万人楔の開票場が建設された。この万人楔は、表面上は韓人の名義を用いているが、実際は純然たる日本商人が組織するものである。そのため、韓人たちがここで参加者を募集するときも、日本万人楔として催《もよお》される。

マニラの富籤もおもしろいが、これも運だめしに、一度は手を出すのは一興である。

韓人《かんじん》の触売《ふれうり》

もし、ギッポンに、※朝鮮で遊杖《ゆうじょう》を曳《ひ》かせた（旅させた）ならば、彼は、四千年の歴史の廃墟《はいきょ》と遺跡に、懐古《かいこ》の情《じょう》を引かれ、滔々《とうとう》（とどまることのない）※八百万の貪眠《どんみん》、流亡《りゅうぼう》の民《たみ》に、愛憐《あいりん》の心を催《もよお》し、得意の美文をふるって、朝鮮衰亡史《ちょうせんすいぼうし》を著《あら》わそうとする 志《こころざし》を起こしたにちがいない。

ああ誰か、かの国に赴《おもむ》いて、かの国のために、一掬《ひとすく》いの紅涙《こうるい》（血の涙）を濺《そそ》がないものはないのだろうか。

はじめて、釜山（プサン）に渡航するなり、すぐさま私の目に映《うつ》ってきたのは、韓人《かんじん》が、日本人居留地内を※触売《ふれうり》する光景だった。多くの韓人が老幼《ろうよう》を問わず、葱《ねぎ》を荷《にな》い、鶏を肩にかけ、魚をひっさげ、何度も居留地内を徘徊《はいかい》して、顧客を求めていた。

彼らが、わが国語で「※鶏ガースカ」、「葱ガースカ」と怪しげなる呼び声とともに、触売するさまは、強く私の耳に残っている。彼らが、垢染《あかじ》みて、破れた衣服を身につけ、分厘《ぶりん》の小利《しょうり》（わずかな利益）を得るがために、顧客の前で叩頭平身《こうとうへいしん》（ペコペコ）するさまは、深く私の脳裏《のうり》に焼きついている。

ああ、亡国《ぼうこく》の民《たみ》となることなかれ。韓人は、少数のわが居留地民に影響されて、わが言語を学び、その居留地で触売しているのである。韓人は、少数のわが居留地民に勝つことができず、※商権《しょうけん》を私たちに献じたのである。ああ、亡国の民となることなかれ。

※　ギッポン……十八世紀の英国の歴史家、エドワード・ギボン。『ローマ帝国衰亡史』の著者。
※　八百万……当時の朝鮮の人口が八百万人である。
※　触売……店を持たずに、路上で呼び歩く商売。
※　鶏ガースカ……「鶏、いかがーですか」が、なまったものか。
※　商権を私たちに献じ……商業の実権を日本人に明け渡してしまっている。

草木《そうもく》

飢饉《ききん》凶年《きょうねん》に対処するための活《い》きた学問を学ぼうとすれば、朝鮮へ赴《おもむ》くのがよい。野外にある草木《そうもく》や葉は、その大半が膳羞《ぜんしゅう》に上《のぼ》る（食べられる）。杏《あんず》、梨《なし》、百日紅《さるすべり》、黄梅《こうばい》、桃花《とうか》などがあるが、桜花や梅花《ばいか》はない。

かの国には、杉材《さんざい》もない。最も多いのは、松《まつ》と樅《もみ》である。山林は開墾《かいこん》されず、咸鏡《かんきょう》・平安《へいあん》の両道で、少しの松樹《しょうじゅ》の連山を見るだけである。

かの国の人は、美術的情緒を欠くため、全国のどこにも、庭園《ていえん》などは見られない。しかし、山岳重畳《ちょうじょう》、兀突《こつとつ》としてその骨《ほね》を露《あら》わし（山々は重なり、ごつごつとして）、春水漲淼《しゅんすいちょうびょう》、軽風細漣《けいふうさいれん》を起こす（春の河の水が漫々と広がり、ささやかな風が小さな波を立てる）とき、微吟《びぎん》緩節《かんせつ》（小声で歌い、ゆるやかに節をとり）、詩中の人となって、みずから画図《がと》の中に配す（山水画の中の主人公となる）。これは、わが国にいては得ることのできない快楽であろう。

政治的視点で観察すれば、かの国の人が、昏々《こんこん》として（無意識状態で）華胥睡裏《※かしょすいり》（昼寝の夢の中）にあることは、たいへん憂《うれ》えるべきものである。しかし、大隠的《たいいんてき》（俗事を離れた）視点で観察すれば、閑々悠々《かんかんゆうゆう》、まったく桃源郷《とうげんきょう》の人である。

※　華胥……華胥の夢。治世に悩んでいた黄帝《こうてい》が、昼寝の夢の中で、華胥の国に遊んだ。そこは、人々が無為無欲に暮らす理想郷で、黄帝は、政治の極意を得たという。ただし本文では、夢うつつの気

楽な状況をさす。

気候

朝鮮は、わが国と緯度《いど》が同じであるのに、両国の気候が大きく異なるのは、潮流の関係による。降雨の量は、概してわが国より少ない。慶尚道《けいしょうどう》の沿岸では、冬時とはいっても、それほど沍寒《ごかん》（厳しい寒さ）を覚えず、忠清道《ちゅうせいどう》との境界にある鳥嶺《ちょうれい》以南は、わが国の東京とも気候が似ているようだ。

ところが、鳥嶺を越え、忠清道に入ると、気候はにわかに寒さを覚え、はじめて朝鮮が寒国《かんこく》であることを知る。京城《けいじょう》（ソウル）では、道路が氷結して、春風《しゅんぷう》が氷を解かす季節になると、家屋が傾斜するところが、たいへん多い。京城より以北、平安《へいあん》・咸鏡《かんきょう》・黄海《こうかい》の三道は、寒気がとくにひどく、発した言葉が氷結してしまうのではないかと思われるほどだ。

ナポレオンがモスクワの役で、凍傷で指を落とす士卒《しそつ》が、たいへん多かったということを思い起こす。私の友人には、慶尚道洛東《らくとう》（江《こう》）で、足の指を腐らせたものがある。

	七、八月平均	一、二月平均
仁川	三十五度	零下七度
釜山	三十二度	零下五度
元山	三十四度	零下十度

右の表は、摂氏《せつし》の温度計を用いたるものである。平安道平壌《へいじょう》（ピョンヤン）以北は、冬時の寒気がいっそう厳しく、昨冬、私がここを旅行したときには、アルコール温度計が凍結するのを見た。

虎と山猫《やまねこ》

虎は、朝鮮八道《はちどう》（全土）、いずれの地も選ばず、全域に棲《す》むものと見え、ほとんど、わが国における狼《おおかみ》のようである。

私は、かの国で訪ねていない場所はないが、いまだ一度も虎を見たことがない。しかし、昨年、釜山（プサン）から二里の金井山《きんじようさん》で見たというものがある。王城《おうじょう》に現われたこともある。また、元山《げんさん》（ウォンサン）の市に出たと聞いたこともある。

恐ろしいのは、冬時、餌《えさ》に乏《とぼ》しい時期と、乳児《にゅうじ》を携《たずさ》えるときであるという。

虎の皮一枚の売値は、普通、三十円前後である。

また、かの国には、山猫《やまねこ》というものがある。躰《からだ》の長さ、ほとんど三尺ばかり。毛皮の繡《しゅう》紋《もん》（模様）は、豹《ひょう》に似ている。ただ、腹部は、黄赤色《こうせきしょく》である。

わが国の人が、かつて釜山で、この山猫を虎の児《こ》だと思い、いくらかの金を出して、買って帰った。人々は、誰もが虎の児だとして、たいへん珍重し、養っておいたが、一日その鳴き声を聞いてみて、あらためて山猫であることを知ったという。

この獣は、けっして、人に向かって害を及ぼすことはなく、ただ時々、家鶏《にわとり》などを得ようとして、民家を襲うという。

安城《あんじょう》の郡守《ぐんしゅ》

※安城《あんじょう》の郡守《ぐんしゅ》を、洪某《こうなにがし》という。たいへん暴斂《ぼうれん》（苛斂誅求《かれんちゅうきゅう》）との噂があった。
かつて、その支配下にある住民の某が、賭博《とばく》に勝って、数千金《すうせんきん》を得たと聞くと、下人《げにん》（手下）に命じてこれを捕《とら》えさせた。獄《ごく》につなげ、笞《むち》打つこと数日、罪状を設《もう》けて言うには、「おまえは、賭博をして国法《こくほう》を犯した。その罪は、けっして軽くはない。しかし、贖《とく》罪金《ざいきん》を支払うことで、その罪を免《まぬが》れるだろう」。

某が断《こと》わると、というのも、一銭も持っていなかったからなのだが、ついに獄中《ごくちゅう》に死んだ。おそらくは、郡守が、某の開いた賭博で負けたことがあって、それを根に持っており、この惨死《ざんし》を遂《と》げさせたということだった。

※　安城……アンソン。京畿道の南部に位置する。

鼓楼《ころう》

地方の官衙《かんが》（役所）の入口には、必ず鼓楼《ころう》が設《もう》けられている。朝夕、雑役人《ざつやくにん》が、この楼に上り、喇叭《らっぱ》を吹き、銅鑼《どら》を鳴らし、あるいは、太鼓《たいこ》を打って、門の開閉を報じる。

京城《けいじょう》の鐘楼《しょうろう》

京城《けいじょう》（ソウル）の中心、十字の康街《こうがい》（大通り）に面して鐘楼《しょうろう》がある。鐘の直径は一間ばかり、毎夜、これを撞《つ》いて、四つの門の開閉を報じる。閉門後は、たとえ、どれほどの急事があろうとも、城壁を越えるのでもなければ、出入りできない。

韓人《かんじん》は、元来、夜に出歩くのが嫌いな人間であり、夜の十時を過ぎれば、街の中はうら寂《さび》しく、無人の境地のようである。ただ聞こえてくるのは、家々で、衣を擣《つ》く音のみである。また小児は、点灯後、けっして外出させない習慣がある。これは、潑皮無頼《ならずもの》に誘拐されるおそれがあるためだという。

路傍《ろぼう》の小さな竈《かまど》

かの国の内地《ないち》に旅する人であれば、必ず、道の脇に、石を積んでこしらえた小さな竈《かまど》を見るだろう。その内側で火を焚《た》いたらしく、たいへん薫《くすぶ》っている。

これは、かの国の旅人が、みずから米穀を炊《た》いて食事をした跡である。かの国の貧しい旅人は、土製《どせい》の小瓶《こびん》を荷《にな》い、米を買って自炊し、なるべく旅舎《はたごや》で食事をしなくてすむようにした。

純朴《じゅんぼく》の風《ふう》ではなく、ただ貧しいからである。

親戚《しんせき》の弁償《べんしょう》

かの国の習慣として、他人に負債《ふさい》して返済するあてのないときは、代わって、その父子兄弟に償《つぐな》う義務がある。父子兄弟でも代償《だいしょう》できなければ、その九族《きゅうぞく》（先祖四代と子孫四代）の中の誰かに代償させる。

そのため、親戚《しんせき》の関係者に一人の道楽者《どうらくしゃ》があれば、一族はおおいなる迷惑を蒙《こうむ》ることになる。この習慣をうまく利用して、わが国の人で、かの国の人に債権を持つものは、貸金《かしきん》をとりたててきた。

しかし、近ごろ、韓人《かんじん》の中にも、この習慣が不条理であることを悟《さと》るようになった。慶尚道《けいしょうどう》の密陽府使《みつようふし》である趙某《ちようなにがし》などは、すでにその配下に布令《ふれい》して、「古来の習慣に従うことで、日本人に欺《あざむ》かれないようにせよ」と訓諭《くんゆ》している。以後、わが国の債権者は、なかなか迷惑を感じているのである。

王居《おうきよ》

※王居《おうきよ》は大闕《だいけつ》という。白岳《はくがく》の山麓《さんろく》にあり、周囲の半里ほどを石塀《いしべい》で繞《めぐ》らし、その中を一本の溝《みぞ》が横断して流れている。

正門《せいもん》を光化門《こうかもん》という。門には二武将の像が画《えが》かれている。説明してくれた人によると、※関羽《かんう》・張飛《ちょうひ》に門を衛《まも》らせているのだと。門から十歩のところの左右には、花崗石《みかげいし》に刻《きざ》んだ大獅子《おおしし》を安置している。そのさまは、わが国の神社の社殿《しやでん》の前に似ている。

そして、※六曹《ろくそう》の官衙《かんが》（役所）、親軍《しんぐん》（国王の親衛隊）の兵営《へいえい》、天文地理《てんもんちり》を司《つかさど》る公署《こうしよ》などが、光化門前の大路《だいろ》に沿《そ》い、軒《のき》を接して、甍《いらか》を並べている。

とはいえ、それらの建築に、さして見るべきものはない。いつの時代に建てられたのであろうか、軒破《やぶ》れて月光《げっこう》を漏《も》らし、庭荒《にわあ》れて雀鳴《じやくめい》が囂《かまび》すしい（雀の鳴き声がやかましい）。これが、八道政令《せいれい》の府（国政の中心）なのである。
※帝闕《ていけつ》の壮《そう》を観《み》ずんば、なんぞ国家の大なるを知らん――。王闕《おうけつ》（王居）が、すでにこのかぎりであるから、他は推《お》して知るべしであろう。

※　王居……景福宮《けいふくきゆう》（キョンボックン）。朝鮮の太祖がソウルに遷都したとき創建された。
※　関羽・張飛……『三国志』でもよく知られた武将であるが、いささか俗説の感がなくもない。
※　六曹……戸曹、吏曹、礼曹、兵曹、刑曹、工曹。六つの役目をつかさどる高官。
※　帝闕の壮を観ずんば、なんぞ国家の大なるを知らん……壮大な宮城《きゆうじよう》を観ることなしに、どうやって、その国家が偉大なのを知ることができようか。朝鮮の宮城は、その逆の例を示しているということだろう。

科挙及第《かきょきゅうだい》

科挙《かきょ》には、大中小の別がある。大科《だいか》は、毎年一回、京城《けいじょう》（ソウル）で開かれ、※西班《せいはん》の子弟《してい》を試験《しけん》する。中科《ちゅうか》は、観察使《かんさつし》の所在地で開かれ、小科《しょうか》は、地方の官衙《かんが》（役所）で開かれるものである。

大科に及第《きゅうだい》（合格）して官《かん》に任《にん》じられたものは、まず、破れた笠《かさ》を戴《いただ》き、顔の半分に墨を塗《ぬ》り、残り半分に白粉《おしろい》を施《ほどこ》し、破れた衣服《いふく》を身につけて、美しく飾った数十人の楽師《がくし》の中に混《ま》じって、京城内を一周するのである。これは、わざとみすぼらしい格好をすることで、官となったときに、傲慢《ごうまん》にならないようにするためだという。

その翌日は、前日とは打って変わって、官服《かんふく》を身につけ、白馬《はくば》に跨《また》り、やはり美しく飾った楽師を前後に随《したが》えて、京城内を一周する。これは、登科《とうか》の披露《ひろう》であるという。

故郷に帰っても、また、馬に跨り、その邑《むら》の中を一周し、さらに、龍を形どった大木《たいぼく》を郷門《ごうもん》に立てる。これによって登科の栄誉を顕《あら》わすのである。

※　西班……武官を出す家。これに対し、文官を出す家が、東班。東西の班をあわせて両班（ヤンバン）と称す。

※　わざとみすぼらしい格好……「官となったときに、傲慢にならないようにするため」というのは、あとづけの理由だろう。地方官は、傲慢で強欲であるのが、相場だからである。むしろ、その理由は逆で、官になって、ひとかどの人物になったことを、衣装の落差で過剰に演出するためのものと思われる。これによって、新しい官人たちは、一般民衆とは異なるという自負心を植えつけられるのだ。

下馬碑《げばのひ》

八道《はちどう》（朝鮮全土）の、いたるところの官衙《かんが》（役所）、王陵《おうりょう》、封山《ほうざん》（王朝直轄の山林）などの門前には、必ず「※各大小人下馬碑《おのおのだいしょうじんげばのひ》」と刻《きざ》んだ、石碑が立っているのが見られる。この石碑の前を過ぎるときは、両班《りょうはん》（ヤンバン）であっても、下馬することになっている。なお、※九段《くだん》の招魂社《しょうこんしゃ》に、皇族下乗《こうぞくげじょう》（皇族も乗りものを下りること）の制札《せいさつ》があるのと同じである。

三、四年前のことである。わが国の商人の福田《ふくだ》某《なにがし》という人が、商用で京城《けいじょう》（ソウル）

から忠清道《ちゆうせいどう》の陰城《※いんじよう》というところへ赴《おもむ》いたときに、馬に騎《の》ったまま下馬碑の前を過ぎたということで、韓人《かんじん》たちがおおいに憤《いきどお》り、「これは、わが官人《かんじん》（役人）を侮《あなど》るものだ」と言って、ひと悶着《もんちやく》を起こした。

福田は、やや才学もあり、韓語《かんご》にも熟練しているから、大道《たいどう》を歩くのに、輿《こし》に乗るのも、馬に騎るのも、自由自在である。「日韓条約には、下馬碑の前で下馬しなくてはならないという条項はないはずだ」と言って、真《ま》っ向《こう》から論争したのである。ところが、頑固《がんこ》な韓人たちは、なかなか聞き入れようとしない。「殺せ」、あるいは「謝罪せよ」などと、口々に罵《ののし》ると、あげくの果てには棒をふりまわし、石を投げ、激しく嘲《ちよう》弄《ろう》し、罵詈雑言《ばりぞうごん》を浴《あ》びせた。

そこで、目にものを見せてやろうということで、護身《ごしん》のために持ってきていた短銃《たんじゆう》をとりだし、銃口《じゆうこう》を彼らに向け、「さぁ、一人一人、殺してやろうか」と身構えたところ、韓人たちは、たいへん恐れて、「それは、六穴砲《ろくけつほう》だ（韓人、短銃を呼んで六穴砲という）。怪我《けが》をするぞ」などと、大声で叫び、一発も放たないうちに、蜘蛛《くも》の子を散らすように、全員、どこかへ逃げ去ってしまった。

危《あや》うい身を免《まぬが》れた福田は、陰城の官衙を訪ね、そこの※県監《けんかん》に面会すると、事《こと》の次第《しだい》を説明した。そして、暴害を加えた人物たちを捕縛《ほばく》してきて、面前で処罰しなければ、このまま京城には帰らないと迫《せま》った。

県監はおおいに困って、みずから筆をとって謝罪文を書き、配下の人民に対して、以後、日本人には不都合がないように訓令《くんれい》するということで、ようやく事は収まった。

遠近の韓人たちは、このことを伝え聞いて、たいへん恐れおののき、外国人に対して、無礼の挙動を慎《つつし》むようになった。

※　各大小人下馬……この碑の前では、大人（身分が高い者）も小人（低い者）も各人、馬を下りるように。
※　九段の招魂社……東京九段にある、今の靖国神社。
※　陰城……ウムソン。忠清道の北端、京畿道と接す。
※　県監……地方官。小さな県の長。大きな県の長は、県令《けんれい》である。

算木《さんぎ》

朝鮮にも、牙籌《がちゅう》（そろばん）はあるが、たいがいは、算木《さんぎ》と称する、長さ五寸ほどの箸《はし》のようなものを、その代わりに用いる。

たとえば、百二十五という数を、算木であらわせば、

五　─
二十　‖
百　｜

と置き、加減乗除《かげんじょうじょ》（四則計算）を行なう。商人は、多くの場合、算木を用いる。

巫覡《ふげき》

巫覡《ふげき》とは、人の依頼を受けて、吉凶禍福《きっきょうかふく》を説き、悪鬼《あっき》を払い、疫神《えきじん》を駆逐《くちく》するなど、行なうものをいうのである。

このような業《ぎょう》を行なうものは、女子に多い。これらの女子は、また、ひそかに売春を業としている。

逐魔駆疫《ちくまくえき》の祈禱《きとう》とは、依頼人の家を訪ねて、呪文《じゅもん》を唱《とな》えながら、太鼓《たいこ》を鳴らし、踊《おど》り、あるいは舞い、正気に見えないような動きをするものをいう。また、盲者《もうじゃ》で、この祈禱を行なうものもある。彼らの衣冠《いかん》は、通常の巫覡と異なるところはない。

骨董《こっとう》

現在、かの国では、書画骨董《しょがこっとう》を愛玩《あいがん》するものが、たいへん少ない。しかし、※古池《ふるいけ》に水絶《みずた》えずの言いならわしがあるように、富裕《ふゆう》な両班《りょうはん》（ヤンバン）の家には見るべきものが少なくない。

かの国の人は、もとより、書画骨董の類《たぐい》を考古の材料として保存してはいない。また、風雅《ふうが》の心があって所蔵しているわけでもない。残念なことに、長持《ながもち》の中にしまいこんだまま、紙魚《しみ》（紙や布を食べる虫）の害を予防しているにすぎないから、わが国の人で書画骨董に心があれば、ぜひとも、かの国に赴《おもむ》いて、彼らの筐底《きょうてい》（長持の底）を探《さぐ》るもよいだろう。ただし、これらの品は、すべて門内《もんない》、内室《ないしつ》（婦女子の部屋）に秘蔵されているから、男子がその意図を伝えるのは難しいにちがいない。もし、誰か女子に頼んで、その内室に出入りさせ、それらの品を尋《たず》ね出させれば、思わぬ珍奇《ちんき》の品を得ることも少なくないだろう。彼らが所蔵する書画骨董は、たいてい、支那《しな》から船載《はくさい》（船で運ぶ）された品であるという。

※ 古池に水絶えず……古池というものは、そこに長く池としてあっただけに、水が涸《か》れることがない。

婚姻

かの国の法では、同姓の男女は、婚姻することが許されない。

まず、妻を娶《めと》ろうとする場合、両家がたがいに約束を整え、吉辰《きっしん》（吉日）を選んで、新郎は礼服《れいふく》（韓人の礼服は明制《みんせい》の官服である）を身につけ、馬に跨《またが》り、後方から下人《げにん》（使用人）に日和傘《ひよりがさ》をかざさせて、前後に数十人の従者を随《したが》えている。

行列の先頭にあるものは、一羽の雁《がん》を携《たずさ》え（もし、生きた雁がないときは、木で彫《きざ》んだものを用いる）、次に進むものは、灯籠《とうろう》をかつぎ、悠々《ゆうゆう》として列をつくり、新婦の家に到着すると、三日間滞在して帰る。

新婦はまた、美しい輿《こし》に乗り、数多くの人にかつがれ、数十人の侍女《じじょ》に護衛《ごえい》されて、新郎の家へ来る。新婦の乗る輿は、虎の皮で覆《おお》われている。その輿をかつぐ人の数は、分限《ぶんげん》（身分）によって多少がある。

私は、かつて、貴紳《きしん》（身分の高い人）の婚礼に、二十数人の妙齢《みようれい》（年ごろ）の女子たちが、馬上豊《ばじよう》かに前衛《ぜんえい》して、京城《けいじよう》（ソウル）を練りゆくのを見たことがある。新婦に随《したが》う女子は、みな、頭に大きな仮髪《かつら》を戴《いただ》いている。これは、かの国の礼式と思われた。

わが国の習俗では、たがいに婚礼の訪問をするのに、寅《とら》の日を忌避《きひ》する。虎は、千里走※って千里帰るからだという。かの国は、それとは異なり、虎の皮で新婦の輿を覆《おお》う。彼我《ひが》（朝鮮と日本）で正反対の習俗なのである。

※ 千里走って千里帰る……虎は、遠出をしても、必ず元の場所に戻ってくる。そのことから、寅の日は、旅行や買い物には吉とされるが、「帰る」が離別につながるため、婚礼には凶とされる。

悪鳥《あくちょう》退治

釜山（プサン）の日本人居留地の中央に、老松《ろうしょう》が鬱蒼《うっそう》とした山がある。亀頭山《※きとうさん》と呼ばれ、居留地民たちの散策の場となっている。日本領事は、令《れい》して、この山で銃猟《じゅうりょう》するのを禁じている。

ある日、居留地民の某《なにがし》が、山上を歩いていたところ、総領事の室田義文《※むろたよしあや》が、空気銃をもって小禽《しょうきん》（小さな鳥）を猟《りょう》しているのに出会った。すぐに、「領事みずから、どうして禁《きん》を犯しているのですか」と問いつめたところ、室田氏は、微笑して言った。「私が禁を犯すわけがありません。これは、悪鳥《あくちょう》（害鳥）を退治しているのです」と。某もまた、哄然《こうぜん》一笑《いっしょう》（大笑い）して別れた。

※　亀頭山……龍頭山《りゅうとうさん》の間違い。亀頭山は、ソウルにある。
※　室田義文……外交官。実業家。貴族院議員。一八九二年五月から一八九四年十一月まで釜山総領事。

法庭《ほうてい》

罪人を判決し、訴訟《そしょう》を審理《しんり》するとき、法庭《ほうてい》（法廷）は公署《こうしょ》の庭前《ていぜん》で開かれる。罪人や訴訟人は、下役人《したやくにん》とともに、門のそばに立ち、門内の合図を待って、黙礼《もくれい》しながら静々《しずしず》と歩みいく。そして、下役人が指示する場所にかがみ、あえて顔を上げない。

このときすでに、裁判官、すなわち公署※の長官は、机にもたれて、数多くの官人《かんじん》（役人）とともに座っており、その前縁《ぜんえん》（板敷の縁側）には、左右に二、三人の伝令官《でんれいかん》のようなものが起立している。罪人や訴訟人の傍《かたわ》らには、一間《いっけん》（約一・八メートル）ばかりの棍棒《こんぼう》を持った下役人が、起立して控《ひか》えている。

裁判官が、何ごとか一句、言い終わるごとに、かの伝令官らしいものが、左右から同じように、何やら声高《こわだか》に叫んでいる。叫び終われば、下役人が、また同じように叫ぶ。このようにして、罪人や訴訟人は判決されるのである。

罪人や訴訟被告人が白状しないときは、笞杖《ちじょう》（むち打ちの刑）も併《あわ》せて下される。しかし、このとき、賄賂《わいろ》を行なわないものは、無残《むざん》にも、そのまま撃殺《げきさつ》されることがある。

罪人の入獄《にゅうごく》費用は、すべて自弁《じべん》（自腹）である。そのため、半文銭《はんもんせん》も有していないものは、ついに餓死することを免《まぬが》れない。

その一方で、賄賂《わいろ》を献《けん》じたなら、いかなる大罪人であっても放免《ほうめん》される。後日、無罪放免を下した公署の長官が、その上官より詰責《きっせき》されても、脱獄してしまったと答えるだけである。腐敗の習俗も、その極《きわ》みに達したというべきだろう。

※　公署の長官……専門の裁判官ではなく、行政の長官が法廷を開き、判決を下していた。つまり、当時の朝鮮において、近代的な概念である司法権の独立はなかった。

刑罰

かの国の刑罰は、一つに、有司《ゆうし》（役人）の意思によって行なわれるものであれば、全国一定の懲罰法のようなものはない。今、その中で目立ったものから、二、三の例をあげてみると、

第一、罪人を地上に伏《ふ》させて、樫《かし》の木でつくった長さ四尺五、六寸、厚さ五分ばかりの棒で、肉裂《さ》け、骨砕《くだ》けるまで、その脛《すね》を打つ。

第二、罪人の臀部《でんぶ》（尻）を露出させて、地上に伏させ、棍棒《こんぼう》で打つ。棍棒の代わりに、笞《むち》を用いる場合もある。

第三、罪人の四肢《てあし》を捻《ひね》って、その関節をはずす。また、罪人の躰軀《たいく》を力に任せて曲げ、強くこれを縛《しば》る。

第四、斬罪《ざんざい》。ただし、高貴《こうき》の人には薬《くすり》を仰《あお》がせる（薬殺する）。

第五、手、または頭髪を縛って、天井に釣《つ》りあげ、これを撻責《たつせき》する（笞打って責める）。

雑俎《ざつそ》（雑記）

●陜川郡《※きようせんぐん》の海印寺《※かいいんじ》は、慶尚道《けいしようどう》の古刹《こさつ》である。経蔵《きようぞう》が十二棟《むね》ある。また、義経《よしつね》・弁慶《べんけい》五条《ごじよう》之橋《のはし》の図を所蔵している。いずれの時代に、いずれの人より、日本から伝わったのだろうか、今は知るよしもない。

※　陜川郡……ハッチョン郡。慶尚道に位置する。
※　海印寺……ヘインサ。新羅の時代に創建された、韓国を代表する古刹。

●日本の器物《きぶつ》が、かの国に入って、その用途を異《こと》にするものは多い。たとえば、湯わかしを酒つぎとし、雨傘を日傘に用い、茶碗を焼酎盞（さん、おちょこ）とし、飯椀を茶碗とする類《たぐい》である。

●僧侶《そうりよ》は、京城《けいじよう》（ソウル）門内に入ることができない。もし、入れば、厳罰される。これは、壬辰《じんしん》の役《えき》（文禄の役）のとき、わが兵※（日本兵）を導いて京城に入れたのが、僧侶であるためだという。

※　わが兵を導いて京城に入れたのが、僧侶であるため……おそらくは、言いがかりだろう。当時の朝鮮において、仏教の信仰は限定され、僧侶は蔑視《べっし》の対象だった。その活動の自由も、もとより大きく制限されていた。

●木覓山《もくみやくさん》とも号す京城南山《けいじょうなんざん》の麓《ふもと》、羅洞《らどう》というところに、加藤清正《かとうきよまさ》が陣《じん》どった遺跡がある。韓人《かんじん》は、今なお、※倭城《わじょう》と呼ぶ。

※　倭城……日本を蔑視して、その旧国号である倭を用いた。

●※竹山府《ちくざんふ》の邑《むら》そばにある山に、小西行長《こにしゆきなが》が築《きず》いた城跡がある。山上に正方形の巨石があり、征韓《せいかん》の役《えき》のとき、わが国の兵士たちが、暇《ひま》を持てあまし、おもしろがって刻《きざ》んだものであるという。韓人《かんじん》は、不思議な事物を見ると、すべて、壬辰《じんしん》のときに日本人がつくったなどと唱《とな》えるけれども、そのまま信用するわけにはいかない。

※竹山府……京畿道にある竹山郡。

●※梁山領東院《りようざんりようとういん》より院洞《いんどう》に向かって三里歩くと、大斧《おおおの》で削《けず》ったかのような、千仭《せんじん》（高く切り立った）の石壁《せきへき》の中腹に、深さ一尺、直径三尺ばかりの、円形の小さな洞がある。かつて、ここに重さ百斤《きん》（六十キロ）の※黄金仏《おうごんぶつ》を安置《あんち》していたが、壬辰《じんしん》の役《えき》（文禄の役）のとき、日本人に掠《かす》め去られたと伝える。とても信じられない。

※梁山……ヤンサン。慶尚道の南部に位置し、釜山の北に接する。

※黄金仏を安置……純金製のものを不用心な場所におくことはないだろうから、実際は金銅仏《こんどうぶつ》（銅製に金メッキをほどこしたもの）だったであろう。おそらくは、日本人がここに来るより前に、盗人か、現地の行政官が掠奪《りやくだつ》したものと考えられる。

●金海首露王《きんかいしゅろおう》の妃《ひ》である許氏《きょし》は、天竺《てんじく》（インド）の人である。かつて海を渡って、この地に着いたとき、錨《いかり》として持ってきたという石塔《せきとう》の残骸が、今なお、その陵前《りょうぜん》に保存されている。真偽のほどは不明であるが、古くてすばらしく、真に数千年前の遺物のようだ。

●豆腐は、かの国でも、テウブといい、焼酎《しょうちゅう》をソチュといい、二つのもの、ともにかの国より日本に渡来したものか。

●疫神除《えきじんよけ》（厄除《やくよ》け）のためとして、村はずれに七五三《しめ》縄《なわ》を張る。わが国と似た風俗である。

●咸鏡《かんきょう》・平安《へいあん》・江原《こうげん》三道（朝鮮北部）では、しばしば土中より、石斧《せきふ》や石鏃《せきぞく》を出すというが、かつて、その掘りだされた石鏃らしいものを見たところ、わが国で見たものと異なるところがなかった。

●京城《けいじょう》の欽差《きんさ》（外交）公署《こうしょ》の傍《かたわ》らに、大きな銀杏《いちょう》の樹がある。まさに数百年以上も昔のもの。征韓《せいかん》の役《えき》のとき、小西行長《こにしゆきなが》が、馬を繋《つな》いだものであるという。

●かの国の馬は小さく、対州馬《たいしゅううま》（対馬産の馬）というものに似ている。牛は、たいへん大きく肥《こ》えており、西洋の乳牛《ちちうし》に劣らない。

●かの国では、国帽《こくぼう》、国服《こくふく》の形状、服の色などが、すべて定まっているので、わが国のような流行というものがない。万事において、保守主義である。

●平安道《へいあんどう》を流れる大同江《※だいどうこう》の船は、木綿帆《もめんほ》である。他の河ではいずれも、蓆帆《むしろほ》のものを見るのみである。

※　大同江……朝鮮北部（今の北朝鮮）を流れる大河。平壌を通り、黄海に注ぐ。この河の船のみ木綿帆としたのは、清国からの使者の目に触れるため、見栄を張ったのだろう。

●かの国の人は、たいがい、一日二食である。夏は、日が長くなるので、上流社会では三食になる。

●瓜《うり》や西瓜《すいか》の熟《じゅく》する季節は、米相場が下落し、わが国の人でも菓子屋を営《いとな》んでいるものは、ほとんど閉店同様の姿になってしまう。これは、韓人が、瓜や西瓜を好んで食うためである。このときは、道路の排泄物《はいせつぶつ》も色青《いろあお》く、瓜や西瓜の種でいっぱいになる。

●「桐蔭煮茶《※とういんしゃちゃ》」などと詩には詠《うた》っているが、八道《はちどう》（朝鮮全土）の中に茶の産地はない。そのすべてが、わが国と支那《しな》から輸入したものである。

※　桐蔭煮茶……「桐樹《きりのき》の葉蔭で茶を品《ひん》す（たのしむ）」という題がある。茶を煮ることは、当時の一般的な茶の抽出法でもあった。

●疫病《えきびょう》にかかった牛は、あえて殺さずに、人家から離れた河畔《かはん》へ連れていき、置いて帰る。その生死を天に任せて、あきらめ半分で、万が一、牛が回復したら僥倖《ぎょうこう》（儲《もう》けもの）とするだけである。

●かの国に、脯肉《ほにく》というものがある。牛の肉を薄《うす》く切って、乾《かわ》かしたもので、行軍用《こうぐん》（遠征の軍備）・旅行用として携帯するのに、最も便利である。

●かの国の人は、わが国の人が礼儀を表現するとき、脱帽するのを笑う。それとは逆に、帽子を戴《いただ》いたまま傲然《ごうぜん》（尊大）とするのを、よしとする。

●衆人《しゅうじん》が稠座《ちゅうざ》（環視《かんし》）する中で、虱《しらみ》を捫《ひね》り、あるいは放屁《ほうひ》しても、かの国の人は、けっして無礼だとは思わない。まったく可賤的《かせんてき》（いやしむべき）習俗である。

●蠟燭《ろうそく》は、蜜蠟《みつろう》や牛脂《ぎゅうし》から製造される。櫨《はぜ》の木は、かの国にはない。したがって、櫨蠟《はぜろう》もない。

●慶尚道幽谷《けいしょうどうゆうこく》を経《へ》て、聞慶《ぶんけい》（ムンギョン）に向かう途上は、山勢峨々《がが》（険しく）、一本の鳥道《ちょうどう》（ごく細い道）が、わずかに通じるだけのところがある。一昨年前より、この地に城郭《じょうかく》を経営（建設）していたが、このごろ、ようやく成就《じょうじゅ》した（完成した）。これを号して老姑《ろうこ》城という。おそらくは、日本と事《こと》（一戦）ある日のため備《そな》えたものであると。

ああ、韓人《かんじん》が現代の事情に疎《うと》く、兵器の性能の日進月歩《にっしんげっぽ》を知らないのは、本当に憐《あわ》れむべきことであろう。彼らは知らないのだろうか、一発の野戦砲《やせんほう》だけで、いとも簡単に、このできたばかりの城郭を突破《とっぱ》してしまえるということを。

●韓人《かんじん》は、わが国の婦女《ふじょ》が、紅裙《こうくん》（着物のすそ）を風になぶらせ（もてあそばせ）、白い脛《すね》をあらわにするのを笑う。その一方で、わが国の人は、かの国の婦女が、乳房《ちぶさ》を日光に曝《さら》しながら歩くのを笑う。

●内地《ないち》の山は、たいがい、禿山《はげやま》であるので、薪炭《しんたん》（たきぎとすみ）を切りだすこともできない。わずかに草を苅《か》ってきて、煮焚《にた》きに用いるだけである。火鉢《ひばち》に用いる炭《すみ》もないので、燃やした草で、いまだ火のついているものを火鉢へ入れ、その上に石を載《の》せて風除《かぜよ》けとし、火の消えるのを防ぐ。

●烏《からす》、山烏《やまがらす》、※鵲《かささぎ》は、たいへん多い。山烏は、その形が烏に似ているが、小さい。腹部の羽毛《うもう》は、灰白色《かいはくしょく》である。その声は、烏と変わらない。

※　鵲……カラス科。朝鮮の国鳥ともいうべき代表的な鳥類。

●かの国の人で、貸借《たいしゃく》の証文《しょうもん》に捺印《なついん》するものは、稀《まれ》である。また、※印章《いんしょう》を所有しているものは少ない。多くは、※書判《かきはん》を用いる。書判は、昔時《せきじ》、わが国で行なわれていたものと、ほとんど同じである。また、時として、◉のような書判をするものがある。

※　印章、書判……印章はハンコ、書判は花押に当たる。

●かの国には、染物屋《そめものや》がない。染粉《そめふ》を買ってきて、自分の家で布帛《ふはく》（織物生地）を染め、衣服にするのである。五、六年前までは、わが国から染粉を輸出して、おおいに利益を上げたが、近ごろは支那《しな》から輸出する。その安価な染粉に圧倒されてしまった。

●昨年、川上《かわかみ》（操六《そうろく》）中将が、かの国へ渡り、観光をしてから、ある人に語ったのには、「※朝鮮に不似合《ふにあい》なものが、三つある。一つは、その国王が賢明《けんめい》で、欧米諸帝王のあいだに列《つら》なっても恥じないほどであること。二つめは、京城《けいじょう》の四方の風光が、明媚《めいび》であること。三つめは、朝鮮人の衣冠《いかん》が、閑雅《かんが》であること」。

※　朝鮮に不似合なもの……貧しく、不潔で、無知蒙昧な一般庶民と比較して、落差が大きいものという意か。

●両班《りょうはん》（ヤンバン）の行列は、その従者の数の多少で、貴賤《きせん》の基準とする習慣があるから、大臣らが外出するときは、乗輿《こし》を六人にかつがせて、前後を数十人の従者に守護《しゅご》させている。剣付鉄砲《けんつきてつぽう》（銃剣）を肩にかけるもの、靴を携《たずさ》えるもの、溺器《しようべんつぼ》を荷《にな》うもの、下人《げにん》（使用人）がいて、兵士がいて、その服装もばらばらである。

従者たちが異口同音《いくどうおん》に「イーチロ、イーチロ」と、人払《ひとばら》いをして、練《ね》りゆくそのさまは、わが国の封建時代にあった諸侯《だいみよう》の行列を思い起こさせる。また、「イロイロ」と呼びながら、人払いをして通るものがある。これは、「イーチロ」より、位品《くらいしな》の下がる官人《かんじん》（役人）である。

●僧侶《そうりよ》が人に対するときは、腰をかがめて合掌《がつしよう》するのが礼である。

●かの国では、宿場や街道の路傍《ろぼう》には楊樹《やなぎのき》（柳）を植えるが、わが国では、多くの場合、松樹《まつのき》である。松樹は、矗々《ちくちく》（高く、まっすぐ）として、天に朝《ちよう》するところが、龍蛇《りゆうだ》のようである。これに対し、楊樹は、楚々《そそ》（しなやかで美しい）として、媚《こび》（色気）を献《けん》ずるところが、婦女に似ている。これまた、彼我《ひが》（朝鮮と日本）の習慣の異なるところだろう。

●かの国には、猿猴《さる》がいない。これを連れて八道《はちどう》（朝鮮全土）を周遊した香具師《やし》（猿回し）が、大きな利潤《りじゅん》を得たという。

●洛東江《らくとうこう》（ナクトンガン）に沿い、密陽《みつよう》（ミリャン）府に向かう途上に、一つの関《せき》がある。題して、鵲院関《しゃくいんかん》という。かつて、フランス政府と隙《げき》（不和、紛争）を生《しょう》じたときに、これを建てたという。

関の前に一軒の酒店《しゅてん》がある。酒肴《しゅこう》には、必ず鱸魚《ろぎょ》（スズキ）が用いられる。酒味も、また佳《か》である。旅人は、必ず一盞《いっさん》（一杯）を傾ける。

●慶尚《けいしょう》・全羅《ぜんら》・忠清《ちゅうせい》・京畿《けいき》四道の旅舎《はたごや》では、多くの場合、宿泊客に豆飯《まめめし》を供《きょう》する。他の四道では、粟飯《あわめし》を供する。

●京城《けいじょう》の大道《たいどう》を往還《おうかん》するときに、日本公使は通常の輿《こし》に乗って、わずかに巡査一名を随《したが》えるだけである。しかし、支那欽差《しなきんさ》（清国外交全権特使）は、馬上《ばじょう》ゆたかに鞍《くら》に跨《またが》り、前駆《ぜんく》後衛《こうえい》の騎士十数人を随える。※韓人《かんじん》がこれを評するのには、「日本は支那よりも小国である。貧国《ひんこく》である。弱国《じゃくこく》である」と。

※　韓人がこれを評する……実体をおろそかにし、外観で判断する韓人の性質を物語るもの。ただし、著者もまた、日本式の簡素の美徳を称賛しているわけではなさそうだ。時には、韓人の尊敬を得るため、外観を大きく見せることも、外交上の戦略には重要と見なしているように思われる。

●韓人《かんじん》が、王居《おうきょ》の光化門《こうかもん》にある敷石を指しながら、私に告《つ》げたのには、「あなた様の国には、これほどの大石《たいせき》を用いたものはありますか」と。韓人の固陋《ころう》（まちがった考えへの固執）は、まったくおかしなもので、私は呆然《ぼうぜん》としたのである。

●内地《ないち》を旅して大邱《たいきゅう》（テグ）を過ぎたあたり。兵士が近づいてきて、私に乞《こ》うて言うには、「もし、火薬を持っておられたら、分け与えていただけませんか」と。思うに、大邱の兵営の兵士は六百人。銃器も、それに見合う数だろう。ところが、彼らは、弾薬を有し

京城門外の火薬製造所

京城の兵営

ていないのである。

●わが国の内地《ないち》（日本の本土）より、対州《たいしゅう》（対馬）を経《へ》て、全羅《ぜんら》・慶尚《けいしょう》両道の海岸に、物品を密輸すれば、おおいに利益があるという。その物品は、石油、金巾《かなきん》（キャラコ）、甲斐《かい》絹《き》、傘、提灯《ちょうちん》、筆、墨、紙、陶器、燐寸《マッチ》、鍋釜類、その他、雑貨一切。

●かの国では、上流人士《じんし》でなければ、靴《くつ》を履《は》かない。たいがいは草鞋《わらじ》を履いている。

●京城《けいじょう》の両班《りょうはん》（ヤンバン）の、富めるものは、洋灯《ようとう》、あるいは西洋蠟燭《ろうそく》を使用するが、概して、手ランプ、もしくは牛豚《うしぶた》の脂《あぶら》を焚《た》いて、明《あかり》をとるのである。そのため、室内はくすぶって、健康をひどく害している。

●八道《はちどう》（朝鮮全土）いたるところの高山の巓《いただき》には、燧火《すいか》（のろし）台がある。もし、ひとたび、事《こと》ある日が来れば、火を焚《た》いて警報するという。

●朝鮮の煙草《たばこ》は、平安道《へいあんどう》の平壌《へいじょう》（ピョンヤン）の市場に出るものを最上《さいじょう》とする。黄海道谷山《こうかいどうこくさん》の煙草は、これに次ぐ。上流の人は、刻《きざ》み煙草を喫《きっ》するが、たいていは、チギリ煙草である。また、カメオ、ピンヘッドなどの西洋煙草を喫するものもある。京城《けいじょう》の小売相場は、カメオ十本入が十銭、ピンヘッドは十本入で六銭。

●かの国の人の眼鏡《めがね》は、縁《ふち》を鼈甲《べっこう》でつくっているもので、わが国の旧弊《きゅうへい》眼鏡と称するものと同じである。韓人《かんじん》は、万事において吝嗇《りんしょく》（ケチ）であるのに、いったい、眼鏡には割合に多くの銭文《せんもん》をかけるのは、不思議な習俗というべきだろう。内地《ないち》では、わが国の人がつけている眼鏡が小さいのを笑うものが多い。

●かの国の人は、頭に、馬の毛で製造した網巾《もうまん》（マンゴン）と称するものを巻いて、鬢髪《びんぱつ》（耳ぎわの髪）が乱れるのを防ぐ。

それでもまた、鬢髪が網巾から乱れ出たときは、すぐさま小鏡に向きあい、牛の角でつくられた篦《へら》で撫《な》でつける。そのため、韓人《かんじん》は、巾着《きんちゃく》の中に必ず鏡と篦とを用意して、腰につけ、わずかのあいだもこれを手放さない。

●わが国の言葉には、八道《はちどう》の韓人《かんじん》たちから知れわたっているものがある。すなわち、オカミサア（おかみさんの訛《なまり》）、ヤブレ（破れ）、ツンポ（ちんぽの訛）。

●京城《けいじょう》の安洞《※あんどう》は、骨董店《こっとうてん》の多い町である。しかし、朝鮮の骨董物に、見るべきものは、たいへん少ない。さらに、その半数は、わが国の製造品である。

※ 安洞……アンドン。今の仁寺洞（インサドン）あたり。仁寺洞はソウル随一の骨董街として続いている。

●内地《ないち》に入って、大厦瓦屋《たいかがおく》（大きな建物や立派な瓦づくりの建物）を見れば、そのすべてが官衙《かんが》（役所）と考えても、ほとんど誤りではない。民屋は通常、藁葺《わらぶき》で、たいがい、一年に一回は葺《ふ》きかえる風俗である。

●かの国には、演劇《しばい》、寄席《よせ》などはない。綱渡りのみがある。綱渡りは、わが国のものと同じである。

●京城のわが居留地に、奸商《かんしょう》（悪徳商人）がいる。平安道《へいあんどう》の監司《※かんし》である閔氏《びんし》を欺《あざむ》き、鋳銭《ちゅうせん》の原材料として銑鉄《※せんてつ》を売りこもうとしたのである。

この奸商は、その手代（使用人）を技師に扮装《ふんそう》させると、平壌《へいじょう》（ピョンヤン）に向かわせた。手代は、監司の目の前で、銑鉄で鋳造した銭文《せんもん》を銅礬水《どうばんすい》の中に浸《ひた》し、これをとりだして言うには、「この銑鉄は多量の銅分を含むため、この水薬中《すいやくちゅう》に投じたなら、内部の銅分が、すべて表面にあらわれてきます。このように、見たところ、銅と異なるところはありません」と。

この詐術《さじゅつ》は、事情があって実行されなかったが、監司は今なお、欺かれたことに気づいていないという。ああ、韓人《かんじん》は、与《くみ》しやすい生きものである。

※　監司……道の長官。観察使。

※　銑鉄……鋳物《いもの》などに用いられる粗製の鉄。朝鮮の通貨は、銅貨なので、もちろんこれは材料とはならない。

清国《しんこく》の野心、朝鮮の懦弱《だじやく》、日本の無為《むい》

朝鮮が、丙子《へいし》の大敗によって、やむをえず、清朝《しんちよう》の款《かん》を納《い》れ（清に有利な条約を結び）、講和して、その正朔《せいさく》を奉《ほう》じる（属国となって、統治を受けいれる）ことになってから、今まで二百年。骨に徹《てつ》するほどの残恨《ざんこん》を、なお忘れることができないでいる（このときの経緯は、166ページ「東学党《とうがくとう》の首魁《しゆかい》と逢《あ》う」の項を参照）。

あえて、ひそかに明《みん》朝《ちよう》末期の年号を用いている人たちもいるというが、中央政府はといえば、靡然《びぜん》として（強いものになびいて）事大《じだい》につとめているのである。つまり、かつて明朝に奉じていたのが、すぐにその対象を清朝に移し、朝貢《ちようこう》慰問《いもん》して、もっぱら清朝の歓心《かんしん》を買おうとつとめるばかりである。

そして、清国を大国《たいこく》と称し、中華《ちゆうか》と唱《とな》え、みずから小国《しようこく》と呼んで、小華《しようか》と号するよう

になった。こうしているうちにだろうか、冥々《めいめい》のあいだに（無意識のうちに）、清朝の属国としての強い意識が形成されていったのである。朝鮮が清朝に臣《しん》としてつかえることは、深い根底《こんてい》があるものとしなくてはならないだろう。

このため、以来、清が朝鮮へ向ける政策方針は、一定不変《いっていふへん》である。常に、朝鮮を属国として見て、朝鮮国王を臣下として見ている。因習《いんしゅう》は、ついに身についた習俗《しゅうぞく》となり、人々は、とくにこれを怪《あや》しむこともない。現在の朝鮮国王などは、実に清朝から、正三品《しょうさんぴん》※礼部侍郎《れいほうじろう》の官位と官職を拝命《はいめい》することとなった。

明治九年、わが国が、かの国に開港を促《うなが》し、両国間に条約を締結したのも、ひとえに朝鮮をもって独立国とするためである。

しかも、日本と清国間で結ばれた※天津《てんしん》条約によって、朝鮮の独立が確定したのであるが、清朝の政策は、依然《いぜん》として、朝鮮を属国視することを改めようとしない。それは、韓廷《かんてい》（朝鮮の宮廷）を掌《てのひら》の上で、簸弄《はろう》する（おもちゃにする）ようなものである。

これこそ、※李鴻章《りこうしょう》の手腕《しゅわん》といえるものである。必ずしも、韓廷を圧迫して服従させるのではなく、韓廷が優柔《ゆうじゅう》であり、好んで事大《じだい》の気習《きしゅう》（身についた習性）を持っているのにつけこむ形で、いともたやすく、その政策を実行できているにすぎない。

思うに、清朝が、韓廷の事大の気習を助長《じょちょう》し、これを消磨《しょうま》（薄れて消える）させないようにさえしていれば、いつまでも清国の属国として、その国権《こっけん》を容易に左右することができるのだろう。

清朝が韓廷に干渉するときは、常に事大党《じだいとう》（事大主義を支持する人たち）を助けて、進歩党《しんぽとう》（独立改革派）を挫《くじ》き、進歩的な議論をするものがあれば、事大党に指嗾《しそう》して（そそのかして）、それらを撲滅《ぼくめつ》させてきたのである。

これは、デニー※の「朝鮮論」が出たときも、李鴻章の大喝《だいかつ》（大声で叱責）によってつぶされた理由でもあるし、金《※きん》と朴《※ぼく》の計画がまさに実行に移されようとしたときも、支那兵《しなへい》の侵入によって、むなしく画《え》に描《か》いた餅《もち》に終わってしまった理由でもある。

ただ、このことはようするに、清朝が最も恐れているのが、進歩主義、独立主義の空気が、朝鮮に伝播《でんぱ》することでもあるのだ。そして、これらの空気は、常にわが国から伝播しているということもあるから、清朝が、わが国をいぶせく（うっとうしく）思っているのも、また無理からぬ感情というべきだろう。

そのため、韓廷が、わが国の人を聘用《へいよう》（礼を尽くして雇用する）して、そこに新しい空気を注入するのも、清朝が最も好まないことなのである。※堀本《ほりもと》中尉の兵士訓練も、※大三輪《おおみわ》の造幣顧問《ぞうへいこもん》も、清朝が厭悪《えんお》する（激しく嫌がる）ものとなり、なんとかして、これらを妨害し、廃止させようと謀《はか》るようになるのである。

言うまでもなく、金と朴が、わが国にあって、不平を漏《も》らすようになったのを見れば、それでも、わが国を忌憚《きたん》しないでおくわけにはいかないであろう。

ああ、※リセンドル、※グレートハウスといった連中は、いずれも、※戦国策士の類《たぐい》であるにすぎない。彼らが、はたして何を知っているというのだろう。韓廷が、日本を捨て、西洋の戦国策士を選んだのも、清朝の対韓政策の真意が、その中にこそあるからである。

今や、わが国の人で、韓廷に聘用されているものは、一人もいない。

そして、清国政府は、確固とした対韓政策を持たないという、わが国の政府の弱点を熟知している。

※袁世凱《えんせいがい》の京城《けいじょう》（ソウル）での挙動も、傲大自尊《ごうだいじそん》に見えて、巧《たく》みに韓廷を威《おど》し服従させ、内政に干渉《かんしょう》しているのである。

彼が、清国の欽差《きんさ》（外交担当）公使《こうし》でありながら、むしろ韓廷の総理大臣なのではないかと疑われるほどにふるまえるのも、清国政府の狡獪《こうかい》な政策が、韓廷の柔弱《じゅうじゃく》で無気力《むきりょく》なことに乗じ、もっぱら、その事大の気習を助長し、気づかれないようにして、属国化の成果を収めようとしているのではないだろうか。

わが国の政府は、天津条約を対韓政策の一つとしてきたが、彼らは、明らかに朝鮮を独立国にしようなどとは考えていないであろう。

そして、清国政府は、いまだこの条約の破棄《はき》を求めているのであるが、実はすでに、この条約を空文反故《くうぶんほご》（あって、ないようなもの）と見ているのである。さらに、実力行使をもって韓廷を属国化しようとしつつあるのが、現在の状態である。

わが国が、いつか、韓廷に関する問題で、清国政府と交渉するときにも、一部の空文をとらえて、朝鮮は独立国だと主張してみたところで、韓廷の実権はすでに清国政府に握《にぎ》られており、その掌中《しょうちゅう》にあるのだから、腕《わん》を扼《やく》して（怒りで興奮して）絶叫しても、時すでに遅し。臍《ほぞ》を噛《か》んだ（後悔する）ところで、もはや、どうにもならないのである。

言わずもがな、いまだ雨が降らないうちに、その窓を綢繆《ちゅうびゅう》（補修）しておかなくてはならない。雨が降ってからでは、もう遅い。ところが、わが国の、今日の朝鮮に対する政策には、確固たるものがないのである。

私は、このことをもって、ただ、わが国の志士たちに向かって訴えたい。わが政府に向かって、何かを謀ろうとも望んでいない。なぜなら、今のところ、わが政府は、実力行使の政策に対して、あまりにも冷淡であるからだ。

ああ、その円滑《えんかつ》主義（ことなかれ主義）の外交政策によって、最後には、朝鮮が清国に呑《の》みこまれるのを、なされるがままにしてしまうということなのか。

もっとも、清国政府の対韓政策は、たいへん鋭利敏捷《えいりびんしょう》であって、少しも非の打ちどころがないように見えるが、そのときの一得一失《いっとくいっしつ》は、数の論理を免《まぬが》れることはできない。従来の歴史をそのまま利用し、事大党を助けて進歩党を排斥《はいせき》する政策も、そのときはよいかもしれないが、つまるところ、姑息《こそく》な策略との評価を免れることはできない。

一瀉千里《いっしゃせんり》（よどみなく進んでいく）、滔々《とうとう》たる文明の潮流は、とても、人の力では塞《ふさ》ぐことのできないものであろう。

清国政府が、事大党を助けて進歩党を排斥《はいせき》するのに、汲々《きゅうきゅう》（あくせく）としているのも、言ってしまえば、※赤手《せきしゅ》をもって黄河《こうが》を防がんとするようなもので、たとえ、一時的に弥縫《びほう》（とりつくろう）できても、いったん堤防が決壊《けっかい》して、洪水、氾濫《はんらん》を起こせば、その（文明の近代化の）激勢は、けっして止めることはできないのである。これは、識者の意見を待つまでもないことだ。

清国政府の政策などは、黔首《けんしゅ》（人民）を愚《ぐ》にして、天下の治安を図ろうとするものにすぎない。かの秦《しん》の始皇帝《しこうてい》のやり方と、ほとんど変わっていない。

近ごろ、朴泳孝《ぼくえいこう》が、わが国で親隣義塾《しんりんぎじゅく》を起こし、朝鮮の子弟を教育しようとしている。袁世凱はこのことを、たいへん不快に感じているという。

袁氏ともあろう人物の烱眼《けいがん》（洞察力《どうさつりょく》）をもってすれば、朴氏が、耿々《こうこう》たる報国《ほうこく》の衷情《ちゅうじょう》（祖国の発展に報いたいという、偽りのない気持ち）を、その胸中に蓄《たくわ》えていることに気づかないわけはないだろう。そのため、ただ、朴氏に対して不快感を懐《いだ》いているだけでなく、さらには親隣義塾の設立を憎んでいる。それも、もっとなことであろう。

ああ、清政府よ、清政府、あなたたちは、どうして、韓民《かんみん》を無知蒙昧《むちもうまい》とすることを好むのだろうか。あなたたちは、実際に、それを好んでいるかのようだ。ただ、それを好むのも、韓廷を支配して、自分たちの属国にしようとする政策の上での話だろう。必ずしも、内心より、韓民が無知蒙昧であるのを喜んでいるのではないはずだ。

しかし、あなたたちが、内心より、韓民が永久に無知蒙昧であることを喜んでいるのであれば、それは、開化の潮流を知らない痴《ち》呆《ほう》というしかない。そのとき、あなたたちは、いつか必ず、高麗《こま》半島《はんとう》（朝鮮半島）に失望するにちがいない。

※礼部侍郎……礼部は、儀礼をつかさどる中国の官庁。かつての日本の治《じ》部省《ぶしょう》に相当する。礼部侍郎は、この組織の副官（長官は礼部尚書《しょうしょ》）にすぎない。正三品という官位と合わせても、朝鮮国王の立場が、いかに低いかのあらわれでもあろう。

※天津条約……一八八四（明治十七）年十二月に、朝鮮で起こった甲申《こうしん》の政変で、暴走した清国軍によって、日本人居留民が殺害されたことを受けて、翌年開かれた。日清両国の全権大使として、伊《い》藤博文《とうひろぶみ》と李《り》鴻章《こうしょう》が臨んだ。当初、清国側はとりあわなかったが、事件の調査と、それが事実であったときの処分が約された。また、日清両国は朝鮮から撤退を開始し、四カ月以内に完了すること、日清両国が朝鮮に軍事顧問を提供しないことなどが定められた。これにより、朝鮮は、清国の支配から独立したはずだ、というのが、著者本間九介の見方である。

※李鴻章……清国を代表する政治家であり、外交家。天津条約の全権大使をつとめたのち、日清戦争

後、一八九五年の下関条約でも、日本側の伊藤博文と同様、全権大使をつとめた。

※ デニー……オーウェン・デニー。朝鮮政府のアメリカ人外交顧問。『清韓論（原題China and Korea)』を著わし、一八八七年には、李鴻章に対して、朝鮮問題に関する意見書を提出している。本文中に「朝鮮論」とあるのは、この意見書のことだろう。

※ 金……金玉均《きんぎょくきん》。キム・オッキュン。政治家。日本の明治維新に範《はん》をとり、清国からの完全独立と朝鮮の近代化をめざした。甲申の政変を指導し、失敗すると日本に亡命した。ただし、外交上の体面から、日本政府には歓迎されず、一八九四年三月、上海に渡ったところ、暗殺された。さらに、その死体は朝鮮に運ばれ、各地で凌辱された。『朝鮮雑記』が刊行されたのは、この年の七月（新聞への連載は六月十六日まで）だが、金玉均の悲惨な最期については言及されていない。

※ 朴……朴泳孝《ぼくえいこう》。パク・ヨンヒョ。政治家。大韓帝国期の宮内府《くないふ》大臣をつとめ、日本統治後は、各要職について活躍した。現在も用いられる大極旗《たいきょくき》を考案した人物とされる。

※ 堀本中尉……堀本礼造《れいぞう》。一八八一年、朝鮮の軍事顧問となるが、翌年に兵士の暴動が起こり、殺害された。暴動は、閔氏《びんし》の実権に反撥《はんぱつ》した興宣大院君《こうせんだいいんくん》が企《たくら》んだものとされる。

※ 大三輪……大三輪長兵衛《ちょうべえ》。大阪で活躍した実業家。銀行頭取などをつとめたのち、衆議院議員。

※ リセンドル……チャールズ・ルジャンドル。軍人。フランス生まれのアメリカ人。日本で明治政府の外交顧問をつとめたのち、一八九〇年から大韓帝国の軍事顧問をつとめた。一八九九年、在任中に死亡。

※ グレートハウス……クラレンス・グレートハウス。アメリカ人弁護士。アメリカの横浜総領事とし

て、日本に滞在する。一八九〇年から大韓帝国の法律顧問をつとめた。一八九九年、在任中に死亡。ルジャンドルとともに、政争に巻きこまれ、ひそかに殺害されたのかもしれない。

※戦国策士の類……忠誠心や信念のためではなく、自身の利のために、各国を転々とし、策を売って稼ぐ人。筆者は、ルジャンドルやグレートハウスが、世話になった日本を裏切り、大韓帝国の高条件に引き寄せられたと考えていたのだろう。

※袁世凱……軍人。李鴻章のあとを継《つ》ぐ形で、北洋《ほくよう》（北京）軍閥の長となった。清国が衰退してからも、権勢をふるい、一九一二年に中華民国臨時政府が成立すると、その初代大総統についた。

※赤手をもって黄河を防がん……赤手は素手《すで》のこと。黄河のような大河が氾濫してしまったなら、とても素手で塞《ふさ》ごうにも、追いつかない。

解説——『朝鮮雑記』とアジア主義

クリストファー・W・A・スピルマン

『朝鮮雑記』は、一八九四年四月一七日から六月一六日にかけて「二六新報《にろくしんぽう》」という日刊新聞に掲載され、連載が終了した直後に、ほぼそのままの形で書籍として出版された。

それは、一種の紀行文であり、先に日本語の訳書も出ているイギリスの女性旅行家イザベラ・バードの『朝鮮紀行』（一八九八年）に似ている点が少なくない。

だが、『朝鮮雑記』は、バードの著作よりも四年早く刊行されており、朝鮮に関する紀行文としては先駆的で、史料的な価値が高い作品であるということができる。一九世紀の終わりころの朝鮮文化について知るために必要不可欠な著作であり、しかも、学者の書いた難解な専門書や報告書とは違って、当時は、誰でも楽しく読める一般書であった。

本来、一般に向けられた『朝鮮雑記』であるが、それでも、現代日本人が、予備知識なしで読むには難しいだろう。二〇〇八年に韓国語訳が出版され、そのときは話題を呼んだが、本書がバードの『朝鮮紀行』のように、多くの日本人が読める形で再出版されることはなかった。

本間九介《ほんまきゅうすけ》と李朝末期の朝鮮事情

『朝鮮雑記』の著者は、如囚居士《じょしゅうこじ》となっている。これは、今でいうペンネームである。如囚居士の本名は、「二六新報」の一七二号（一八九四年六月三〇日）に明記されているように安達九郎《あだちきゅうろう》であり、のちに彼は、本間九介《ほんまきゅうすけ》と改名している。したがって、本書の著者も、本間九介とした注。

本間九介の生涯は不明な点が多い。彼は、一八六九年、陸奥二本松藩《むつにほんまつはん》（現福島県二本松市）に安達九郎として生まれた。彼が受けた教育についても、ほとんどわかっていないが、同じ二本松出身の友人で、のちに『二六新報』の主筆になった鈴木力《すずききちから》（天眼《てんがん》）と同じように、地元の漢学者・竹内東仙《たけうちとうせん》の塾で学んだ可能性が高い。

一八九〇年、本間は、二一歳の若さで朝鮮半島へ渡っている。朝鮮に行ったときの本間は、「東亜経綸《とうあけいりん》の志《こころざし》」に燃えていたという記録があるので、その動機は、一種のアジア主義にあったと見てよい。それは、朝鮮を先進的な日本の援助と指導のもとで独立させ、東アジア全体に近代的な秩序と文明をもたらすという大義《たいぎ》でもあった。

そして、朝鮮滞在の四年目にあたる一八九四年に、京城《けいじょう》（ソウル）から釜山（プサン）へ移り、釜山在住の日本人と知己を得た。彼らは本間と同様、朝鮮を清《しん》から独立させて、その近代化を実現させるという理想に燃えた活動家たちであった。そのなかには、のちに黒《こく》龍《りゅうかい》会を設立した内田良平《うちだりょうへい》もいた。

この時期の朝鮮半島は、政治的にも非常に不安定な状態にあり、一触即発《いっしょくそくはつ》の危機に直面していた。李《り》王朝の支配下で封建制度を守り、近代化を防ごうとした結果、農民は貧しい生活を強《し》いられ、重い税金を払わされていた。

こうした状況にある国の行く末を憂《うれ》い、近代化を進めなければ朝鮮の未来はないと考えた金玉均《きんぎょくきん》ら若手官僚の改革派が、韓国型の明治維新を目指し、一八八四年一二月にクーデターを起こした。しかし、保守主義者たちが清の援軍を要請したために、このクーデターは失敗に終わり、金玉均らは日本に亡命する。

もっとも、保守主義者による政権のもとでは、朝鮮の近代化は進まず、重税や官僚の横領がその後も続いた。今度は、それに憤《いきどお》った農民たちが反乱を起こした。当初は、江戸時代に勃発した百姓一揆のようなもので、規模も小さかったが、これに東学《とうがく》という新興宗教の指導者が加わり、たちまち全国に広がった。これが本文にも触れられている東学党の乱である。

苦しい立場に置かれることになった李王朝は、このときも、反乱を鎮圧するための援軍の派遣を清に要請した。清はこの要請に応じ、反乱の鎮圧にかかった。だが、この清の出兵は同年七月の日清《にっしん》戦争の引き金になった。

ほぼ同じころ、改革派の指導者の一人だった金玉均は、亡命先の日本から上海《しゃんはい》におびき出され、朝鮮政府に派遣された洪鍾宇《こうしょうう》という官僚に射殺された。金の死体は、朝鮮に運ばれ、切り刻まれたうえ、その一部が見せしめのために各地で晒《さら》された。刺客の洪は、清当局に逮捕されたが、まもなく釈放されて朝鮮に戻り、英雄として歓迎された。

釜山の日本人による天佑侠《てんゆうきょう》の結成

東学党の乱や金の暗殺事件は、本間をはじめ、釜山の日本人活動家たちに大きな衝撃を与えた。彼らは東学と組むことで、朝鮮の近代化を阻《はば》む、憎むべき李王朝を倒そうと企《たくら》んでいたからだ。

そして、その目的に向けて結成されたのが、天佑俠《てんゆうきょう》という団体である。天佑俠は、武器やダイナマイトを東学党に提供するための資金を集め、ときには脅迫や窃盗を犯した。

黒龍会が出版した『東亜先覚志士記伝《とうあせんかくししきでん》』によると、天佑俠は、東学党の最高指導者である全琫準《ぜんほうじゅん》という人物と会見したとされている。ただ、この記述に疑問を投げかけている歴史家は少なくない。天佑俠が、東学党について誤解していたことも指摘しなければならない。

天佑俠の同人《どうじん》（メンバー）は、どういうわけか、反西洋化・反近代化の立場にあった東学党が「親日」であると信じていた。しかし現実には、東学党は、日本の影響を警戒し、それも排斥《はいせき》しようとしており、敵の敵は味方にはならなかったのである。東学党の幹部の誰かと面会したことは確かであるが、最高指導者にはおそらく会っていなかったのではないかと思われる。

天佑俠が東学党に与えた支援は、ほとんど効果をもたらさず、日清戦争が終わるか終わらないかのうちに、その乱は鎮圧されている。日清戦争が勃発《ぼっぱつ》するころには、天佑俠も解散した。解散というより、自然消滅したといったほうがふさわしいかもしれない。

解散後、その同人の多くは、朝鮮に関する知識や語学力が高く評価され、日本軍に雇《やと》われることとなった。日本軍のために情報収集をしたり、通訳をつとめたりしており、本間九介もその一人だった。

本間は、日清戦争中に「二六新報」の特派員をしていたという記録がある。最初は釜山付近を担当していたが、まもなく京城に移り、ここを拠点に活動を続けている。一八九五年に日清戦争が日本の勝利に終わると、天佑俠の元同人の多くは日本へ戻ったが、本間は朝鮮に残った。そして、この時期に、理由は不明だが、安達という姓を捨てて本間と名乗るようになった。

本間九介の仕事と人物像

『朝鮮雑記』が「二六新報」に連載された時点では、本間九介の朝鮮語（本文中では「韓語」）は、さほどうまくはなかったようである。先述の『東亜先覚志士記伝』には、彼の朝鮮語の能力について、「日清戦争時代には、ほとんど体《てい》を成さなかった」と述べられている。

漢文による筆談のシーンが多く出てくるのは、そのためである。自分の弱みを正直に書くところに、本間の性格が現われているのだろう。また、朝鮮語が不十分であるため、漢文がわからない現地の人とコミュニケーション上の行き違いも多く、そうした経験がユーモラスに語られる。彼の素直な人柄と優《すぐ》れたユーモアの感覚が、『朝鮮雑記』の魅力の一つにもなっている。

その後、本間は、朝鮮語を懸命に勉強しつづけた。彼の勉強ぶりは凄《すさ》まじいものだったようであり、『東亜先覚志士記伝』によると、彼は「朝鮮の文人墨客《ぶんじんぼっかく》らと対談する際には、その言語や語源などに深く注意し、一つ一つこれを丁寧に書きとめておくといったふうに、その研究をまとめて朝鮮語の文法辞書を大成するための整理につとめ、やがて浩瀚《こうかん》な量（大量）に達していた」という。

本間は、朝鮮語が上達すると、朝鮮についても専門的に研究するようになった。それは、「朝鮮の語学書類や、さまざまな古文書を蒐集《しゅうしゅう》し、その研究はたいへん深いもの」になり、朝鮮半島の言語、地理、文化についての博学的な知識を身につけた結果、一九〇四年に日露《にちろ》戦争が勃発したころには、本間の朝鮮語は、「まさに典型的なもので、かつ、きわめて高尚《こうしょう》なもの」になり、「円熟」していったと、『東亜先覚志士記伝』は評価している。

朝鮮在住の本間が、具体的にどのような仕事に従事していたかは定かではない。一九一〇年一〇月に京城で発足した朝鮮研究会の「創設趣旨書」には、研究会の評議員である本間の肩書が朝鮮総督府《そうとくふ》農商工部嘱託《しょくたく》となっているが、その仕事の内容については述べられていない。

『東亜先覚志士記伝』は、本間が「もっぱら地方で民情の視察にあたって」いたとしており、おそらく、朝鮮半島の一般民衆の思想に関する情報収集や分析を主な任務とする、一種のスパイであったと推察することができる。

私が知るかぎり、本間は『朝鮮雑記』以外には書籍を著《あら》わすことはなかったようである。「朝鮮語の文法辞書」はもちろん、その「浩瀚な量に達していた」という研究ノートの一部も、彼の名前で出版された形跡はない。『朝鮮雑記』から窺《うかが》える優れた才能を、その後の文筆活動に生かすことはなかった。

本間は、野心も自己顕示欲も出世欲も持っていなかった。同じ天佑俠同人であった内田良平とは、対照的な性格であったと思われる。一九〇一年に内田が黒龍会を創立すると、本間もその会員になっており、黒龍会が発刊した雑誌の会員名簿に本間の名前が掲載されているが、彼が黒龍会同人として目立った活動をすることはなかった。

本間の性格を端的にあらわすエピソードが、『東亜先覚志士記伝』に記録されている。

（一九〇二年に）黒龍会は飛龍商行《ひりゅうしょうこう》という雑貨店を大邱《たいきゅう》（テグ）に置き、そこを根拠地にして会員らに朝鮮内地《ないち》の情況を調査させようとしていた。その経営に当たったのが本間だったが、彼は日々、店頭に座ったきり、商売などはそっちのけで、酒盃《しゅはい》と作詩のための筆を離さなかった。そして、顔見知りの韓人《かんじん》が前を通ると、それを呼び入れて飲ませるので、商行はたちまち仕入れも不如意《ふにょい》（とどこおる）となったのである。しかし彼は、そんなことは平気で、相変わらず酒に気焔《きえん》をあげ、「平岡浩太郎《ひらおかこうたろう》は、『浪人は、居食《いしょく》（住むことと食べること）三年、金貸二年、商売して半年だ』と言ったが、さすがは名言だ」と言いながら、商行を、半年もしないうちに、とうとう呑み潰《つぶ》してしまった。

この記述が示しているように、本間は、浪人身分の自身に愛着を感じており、無頓着《むとんちやく》で暢気《のんき》であり、とても出世や成功にこだわるような性格の持ち主ではなかった。『朝鮮雑記』では、現地の庶民たちを「気楽」と評しているが、本間もなかなか気楽な性格だった。

本間は、日韓併合後も総督府嘱託として情報収集活動を続けていたと思われるが、この活動は彼の身に禍《わざわい》をもたらした。一九一九年三月に、いわゆる万歳事件（三・一独立運動）が起きた直後、彼は、「（暴動の）状景を写真に撮ろうとしたことから、誤解を受け、ついに暴徒に殺され、その職に殉《じゅん》じる」という、惨憺《さんたん》たる最期を遂《と》げた。享年五〇歳であった。

「二六新報」をめぐる交友

『朝鮮雑記』が「二六新報」に連載されたのは、まさに日清戦争の直前であり、日清間の緊張とともに、日本では朝鮮半島への関心が高まっていた。

「二六新報」は、その紙名が示すとおり、『朝鮮雑記』が連載される一年前の一八九三年（明治二十六年）に秋山定輔《あきやまていすけ》という実業家によって設立された新しい新聞であった。

同紙は、政治家や実業家のスキャンダルの暴露を専門としており、発売禁止処分もけっして珍しくなかった。しかし、著名な作家が連載を持ったり、投稿したりすることもあった。外交政策、なかでも朝鮮半島の報道に力を入れており、朝鮮の一触即発の状況を頻繁《ひんぱん》に伝えた。

そこには、社長の秋山の右腕として、主筆の鈴木天眼がいた。鈴木は、本間と同じ二本松市出身、同郷の人である。そして彼も、国粋主義者であり、アジア主義者だった。『朝鮮雑記』が「二六新報」に連載された理由は、本間と鈴木の個人的なつながりによるものと思われる。鈴木は、故郷の後輩を新報の編集部に紹介したのであろう。

鈴木は、日本の指導のもとで、アジアを解放しなければならないと確信し、その目的を達成するために、日本は積極的な外交を進めるべきであると主張していた。鈴木もまた、天佑俠同人であったことから、「二六新報」の朝鮮半島情勢への関心は、たんに商業的な動機によるものではなかったと思われる。

一方の秋山は政治的な野心のある人物で、一九〇二年に代議士として当選を果たしている。彼は、日露戦争の勃発直後、当時の桂太郎《かつらたろう》内閣を厳しく批判したため、「露探《ろたん》」（ロシアのスパイ）であると噂されるようになり、辞職に追いこまれている。

「二六新報」の海外ニュースは、外交、政治、軍事や経済に関するものが圧倒的に多かったが、朝鮮半島の文化、教育、習慣、地理、生活などに関する記事も多数掲載した。そうした編集方針に従い、『朝鮮雑記』の連載が開始された。もっとも、その内容には、外交、政治、軍事や経済からの視点も色濃く出ている。それが、『朝鮮雑記』の歴史的価値をもたらしているのは事実だろう。

「二六新報」の編集部は、連載の終了にあたり、「朝鮮のように、わが国と密接な関係のある隣国の事情は、あくまで、これを探知《たんち》する必要があったため」と、その掲載理由を説明している。

なお、「二六新報」に投稿していた著名人には、詩人の与謝野鉄幹《よさのてっかん》もいた。この時期、鉄幹は、鈴木や秋山に劣らないほど朝鮮に強い関心を持っており、数回にわたり朝鮮半島へ旅行していた。

一八九五年になると、鉄幹は、京城の日本人学校で教鞭《きょうべん》をとるかたわら、政治運動にも参加するようになった。同年一〇月に閔妃《びんひ》が日本人に暗殺されると、鉄幹は、この暗殺に関わったかどで逮捕されたが、治外法権《ちがいほうけん》もあり、日本で裁かれることになった。最終的にはアリバイがあるという理由で免訴《めんそ》されている。

鉄幹の『東西南北』という著作には、次のような二首が掲載されており、本間九介と親しく交際していた形跡が見られる。

1、天佑俠
いなづまの、光も見えて、一《ひと》むらの、横ぎる雲に、雷なりわたる。
いづち吹く、山かぜならむ。夕立の、
行方《ゆくえ》さだめぬ、雲の一むら。

2. 天佑俠の一士、安達九郎の、朝鮮に赴《おもむ》くを、送れる歌の中に
山けはし。駒の足おそし。行手《ゆくて》には、

竹の葉そよぎ、虎吼《ほ》えむ。

山は険しく、馬の足は遅い。行く手には、竹の葉がそよぎ、虎が吼えているというのに。与謝野鉄幹は、みずから激動の地に身を投じようとする本間九介に、かつての自身の姿を重ね、エールを送ったのだろう。

イザベラ・バードと本間九介

『朝鮮雑記』は、今日では忘れ去られている古き朝鮮半島に関する記録である。現代の私たちがこれを読むと、朝鮮半島がいかにこの一〇〇年あまりで変化したかを思い知らされる。

紀行文としての『朝鮮雑記』の最たる魅力は、本間の豊富な体験と優れた洞察力《どうさつりょく》にある。本間は、自分が見たことや経験したことを、ありのまま偽《いつわ》らず叙述《じょじゅつ》している。

本間は、当時の朝鮮の生活水準が低く、いたるところが不潔であること、流通が不便であること、貨幣経済が発達していないといったことや、経済の停滞、役人の腐敗、教育の不徹底などについて容赦《ようしゃ》なく指摘している。また、ところどころショッキングなエピソード（たとえば、78ページの「妻を客人《きゃくじん》に勧《すす》める」や85ページの「男色」、244ページの「便所」など）も収録されており、一見すると、「未開な朝鮮」への悪口と思われる箇所も少なくない。

ただし、こうした本間の証言がほぼ正確であることは、同時期に朝鮮半島を旅したイザベラ・バードの著作からも裏づけることができる。

バードは、目の前に起こった物ごとを、「世界一の先進国」を自負する大英帝国の臣民《しんみん》として見る傾向があり、やはり、このような価値観で当時の朝鮮半島の状況を批判している。本間はアジア人でありながら、西洋人のバードに似ているところがある。彼もまた、いち早く近代化に成功した「アジアの先進国」である日本の臣民として朝鮮を眺めており、そのまなざしは厳しい。

こうした本間の態度を理解するには、一九世紀に一般的であった価値観を考慮に入れなければならない。

今日では、「社会進化論」の科学性は否定されており、似非《えせ》科学と見なされているが、一九世紀には、それが唱《とな》える「自然淘汰《とうた》」や「生存競争」、「民族優劣」といった概念が流行し、最新の科学的な知見として絶対視されていた。「社会進化論」によると、進化の先頭に立っているのが大英帝国やアメリカ合衆国、ドイツのような欧米列強であった。多かれ少なかれ、バードも本間も、こうした価値観に影響されていた。

そして、「社会進化論」に基《もと》づいた価値観は、朝鮮に対する優越感として表出し、一種の偏見を生んだ。だが、本間やバードの見方を、多文化主義が当然とされる現代の価値観や尺度で判断すべきではない。二人とも、あくまでも一九世紀に生きた人物であり、その時代の価値観や偏見、迷信、傲慢《ごうまん》を持ちあわせ、それらを超えることはできなかったのである。そうしたことを念頭に置いて読まなければ、『朝鮮雑記』の内容を正しく評価することはできない。

本間は、むしろ韓民族を批判するというよりは、同情を寄せている。そして、本書を著わした目的も、朝鮮半島とその人民が置かれた惨憺《さんたん》たる状況の責任を追及することにあったのである。

彼は、その原因が、腐敗した李王朝とそれを支える清王朝にあると見ていた。朝鮮は、可能なかぎり速《すみ》やかに、清との関係を断《た》ち、封建制度を廃止し、改革に踏み切るべきであると考えていた。しかし、もはや自前の改革がなしえない以上、それを、日本の志あるものたちが導くべきであると主張している。

朝鮮半島が置かれた現状を厳しく批判する一方で、本間は、その美点も認めている。とくに、自然の美しさと、単純ではあるが素直で実直な人柄などに言及している。長く朝鮮の地に滞在するうちに、この愛すべき土地と人民の不遇《ふぐう》をなんとかしたいと心から思い、それを私物化する権力者たちに義憤《ぎふん》を向けていたものと思われる。

つまり『朝鮮雑記』は、紀行文の枠を超えた、日朝関係論や外交政策論でもある。この部分が、バードの『朝鮮紀行』との最も大きな違いであって、独特の価値を有する点である。

封建主義への憎悪

また、『朝鮮雑記』には、日朝不平等条約に基づいてなされた日本の朝鮮半島への進出が具体的に描《えが》かれている。釜山や仁川《じんせん》には、一万人に及ぶという日本人の居留地（租界《そかい》）ができ、ここでは、日本の裁判制度が布《し》かれ、日本人巡査が治安を保っていた。

本間は、新しく進出した日本人と現地の人たちとのトラブルを見逃してはいない。「薬《やく》商《しょう》」（124ページ）では、日本人の詐欺まがいのふるまいを、否定的に書いている。

それに対して、「漁民保護」（211ページ）では、驚くべき数（一万五〇〇〇人）の日本人漁民が、朝鮮の沿岸で活動している実態を紹介し、彼らが現地の人たちから、軽侮《けいぶ》を受けていることを嘆《なげ》いている。

このことも含めて、日本人に対する朝鮮人（本文中は「韓人」）の反発、一種の反日感情は、過去の出来事に遠因があると、本間は考えていた。つまり、倭寇《わこう》や文禄《ぶんろく》の役《えき》（秀吉の朝鮮半島への遠征）で日本人が過去にしたことに対する記憶が強く残っており、その恨みによる反発があると見ていた。

本文中にも、「八道《はちどう》（朝鮮全土）の王陵・古墳で、倭寇によって発掘されなかったものは、ほとんど稀《まれ》である」と、その掠《りゃく》奪《だつ》行為が凄まじいものであったことを認めている。また、文禄の役については、「征韓の役によって、わが兵の掠奪や乱暴が及ばないところはなかった。八道のほとんどが、焼土《しょうど》（焦土）と化した」と指摘している。

しかし、本間はこのような遠い過去の問題には目を向けていたが、不平等条約の保護を受けた日本人の傲慢なふるまいには、ほとんど目をつぶっていた。

その一例として、かの国では、官庁の前を通り過ぎるときには、下馬《げば》するという法律があったにもかかわらず、それを無視して下馬せず、かえって拳銃を振りかざして民衆を脅《おど》かした福田《ふくだ》という日本人のエピソードをあげている(294ページの「下馬碑」)。

ここで述べられている福田の行動は、生麦《なまむぎ》事件のイギリス人リチャードソンの傲慢な態度を想起させる。生麦事件では、リチャードソンを殺した薩摩《さつま》藩士は切腹させられたが、日本の習慣を蔑《ないがし》ろにし、薩摩藩士の行列に馬で突入したリチャードソンは切りつけられても不思議ではなかった。福田も、リチャードソンのように、「郷《ごう》に入《い》っては郷に従え」という知恵を、その傲慢さから意図的に無視した一人であった。

このエピソードについて、本間は、福田の行動に賛同し、下馬しなければならないという掟《おきて》こそ、憎むべき封建制度の名残《なごり》であり、無視して当然であるという態度をとっているのである。

さらに本間は、「遠近の韓人たちは、このことを伝え聞いて、たいへん恐れおののき、外国人に対して、無礼の挙動を慎《つつし》むようになった」と喜びながらも、さらりと、似たような「封建的な悪習」が日本にもあることを指摘している。つまり、「九段《くだん》の招魂社《しょうこんしゃ》（靖国神社）に、皇族《こうぞく》下乗《げじょう》の制札《せいさつ》があるのと同じである」の一文である。

朝鮮半島に封建主義の不条理が残っているのは確かだが、それは朝鮮半島だけの問題ではなく、いまだ「先進国」である日本にも似たような問題が残っているのではないか。そう、本間は言いたかったのかもしれない。彼が最も憎む対象は、世界中に残る封建主義であり、それを無意識のうちに受けいれている庶民の無知蒙昧《むちもうまい》であった。

このように『朝鮮雑記』は、一八九〇年代の朝鮮半島の状況を知ることができる貴重な紀行文である。自国の文化を照らしだす鏡として、朝鮮の文化をつぶさに観察した結果、編みだされた書籍である。

だが、それにとどまらず、当時、アジア主義という思想を抱いていた一人の若い日本人が、国家の近代化とは何か、欧米の帝国主義とアジアの関係はいかにあるべきかといった、壮大な問題について思索《しさく》をめぐらせながら生みだした作品でもある。そうした点にこそ、今日、『朝鮮雑記』が再出版される意義があるのではないかと思われる。

監修者としては、この書籍が、広く一般の日本人に読まれ、いままでほとんど語られることのなかった歴史への新たな議論が起こることを願ってやまない。

なお、本書をより多くの人に読んでもらうために、現代語訳を選択した。また、この解説文中に引用した文も、同様の理由から現代語訳したことをお断わりしておく。

注　国立国会図書館の目録によると、『朝鮮雑記』の著者は、足立《あだち》鉒《けい》二郎《じろう》とされている。内務省の著作権に関する記録によれば、その当時の版権を足立と近藤《こんどう》音《おと》次郎《じろう》（出版社代表）が所有していることになっている。しかし、足立鉒二郎という人物には執筆活動をした形跡がなく、朝鮮にいたという情報もないため、なんらかの誤りである可能性が高い。安達九郎（本間九介）の「安達」と同じ音の「足立」が混同されてしまったのだろうか。あるいは、誤りでなければ、なんらかの事情があり、安達九郎が本名を公表したくなかったものと思われる。

★読者のみなさまにお願い

この本をお読みになって、どんな感想をお持ちでしょうか。祥伝社のホームページから書評をお送りいただけたら、ありがたく存じます。今後の企画の参考にさせていただきます。また、次ページの原稿用紙を切り取り、左記編集部まで郵送していただいても結構です。

お寄せいただいた「100字書評」は、ご了解のうえ新聞・雑誌などを通じて紹介させていただくこともあります。採用の場合は、特製図書カードを差しあげます。

なお、ご記入いただいたお名前、ご住所、ご連絡先等は、書評紹介の事前了解、謝礼のお届け以外の目的で利用することはありません。また、それらの情報を6カ月を超えて保管することもありません。

〒101―8701（お手紙は郵便番号だけで届きます）
祥伝社　書籍出版部　編集長　萩原貞臣
電話03（3265）1084
祥伝社ブックレビュー　http://www.shodensha.co.jp/bookreview/

◎本書の購買動機

＿＿＿新聞の広告を見て	＿＿＿誌の広告を見て	＿＿＿新聞の書評を見て	＿＿＿誌の書評を見て	書店で見かけて	知人のすすめで

◎今後、新刊情報等のメール配信を　希望する・しない
（配信を希望される方は下欄にアドレスをご記入ください）

@

100字書評

朝鮮雑記

住所

名前

年齢

職業

朝《ちよう》鮮《せん》雑《ざつ》記《き》
日本人《にほんじん》が見《み》た1894年《ねん》の李《り》氏朝鮮《しちようせん》

平成28年2月5日　初版第1刷発行
令和3年6月10日　　　第4刷発行

著　者　本《ほん》間《ま》九《きゆう》介《すけ》

監修者　クリストファー・W・A・スピルマン

発行者　辻　浩明

発行所　祥《しよう》伝《でん》社《しや》

〒101-8701
東京都千代田区神田神保町3-3
☎03(3265)2081(販売部)
☎03(3265)1084(編集部)
☎03(3265)3622(業務部)

印　刷　堀内印刷

製　本　積信堂

ISBN978-4-396-61553-6 C0022
Printed in Japan

祥伝社のホームページ・www.shodensha.co.jp

世界史で学べ！地政学

茂木 誠《もぎ・まこと》

国際政治は、「ランドパワー〈大陸国家〉」と「シーパワー〈海洋国家〉」のせめぎあい！

地理的な視点から見れば、世界のしくみが見えてくる。

駿台予備校の名物講師が、わかりやすく解説。

祥伝社